Astrologie für Anfänger

Heidelore Kluge

ASTROLOGIE FÜR ANFÄNGER

Moewig

Sonderausgabe

Umschlagentwurf und -gestaltung: Werbeagentur Zeuner, Ettlingen
Printed in Germany 1994
Druck und Bindung: Ebner Ulm
ISBN 3-8118-1065-0

Inhaltsverzeichnis

Welchen praktischen Nutzen hat die Astrologie?

Astrologie kann jeder betreiben!

Denn „Sterndeutung“ – so lautet die exakte Übersetzung des aus dem Griechischen stammenden Begriffes – ist weder ein allwissendes Orakel noch eine nur wenigen Auserwählten zugängliche Geheimlehre. Astrologie ist auch keine von Mysterien umwobene Zukunftsdeuterei und erst recht kein bequemer Ausweg, mit dem Hinweis auf ein angeblich unausweichbares Schicksal Verantwortung abzuschieben. Astrologie kann Ihnen Entscheidungen nicht abnehmen – aber sie hilft Ihnen dabei, die richtigen Entscheidungen zu treffen.

Der Tierkreis und die Planetenkonstellationen zeigen nicht in erster Linie Ereignisse, sondern Tendenzen an. Die Tierkreiszeichen stellen gewissermaßen zwölf Urbilder oder Ideen dar. Psychologisch gesprochen enthalten diese auf der menschlichen Ebene zwölf verschiedene Arten des „In-der-Welt-Seins“, von denen jeweils bestimmte in uns als Zielvorstellungen angelegt sind. Ein unter dem Sternzeichen der Zwillinge geborener Mensch wird also unter den gleichen Umständen ganz anders empfinden und meistens auch ganz anders handeln als beispielsweise ein unter dem Sternzeichen Stier oder Skorpion geborener Mensch.

Man könnte es auch so ausdrücken: Die Prägung durch ein Sternzeichen läßt uns aus der Gesamtheit der Wirklichkeit bestimmte Ausschnitte besonders scharf, andere weniger scharf und manche gar nicht wahrnehmen – als ob wir Brillen aufhätten, die jeweils nur für bestimmte Färbungen der Wirklichkeit durchlässig wären. So vermitteln uns die Sternzeichen Kenntnis über bestimmte Neigungen, Erlebnisbereitschaften und Interessenrichtungen, denen wir unbewußt unterliegen.

Aber die Astrologie schildert auch bei jedem Zeichen die „echte" und die „unechte" Form, in der es gelebt werden kann, sowie bestimmte zeichentypische Verhaltensweisen, die durch ihre Summierung über lange Zeit sich zu Schicksal zusammenballen. Und darin gerade liegt die Möglichkeit der Selbstverantwortung für jeden einzelnen Menschen: Das Horoskop zeigt die Chancen und Gefahren unserer jeweiligen Anlage an, die so zu einer Aufgabe wird, die nur der betreffende Mensch lösen kann.

Astrologie ist also durchaus praktische Lebenshilfe! Man kann sie als ein im Laufe von Jahrtausenden entwickeltes und verfeinertes Mittel bezeichnen, das dazu beiträgt, sich selbst und seine Mitmenschen besser zu begreifen und zu verstehen. Die Astrologie weist Ihnen Wege, wie Sie Ihr Leben glücklicher und erfolgreicher gestalten können, indem sie aufzeigt, welche Fähigkeiten und Möglichkeiten in Ihnen angelegt sind – Gaben, von denen Sie vielleicht gar nichts wissen, weil sie durch Umweltzwänge verschüttet oder verfremdet wurden. Nur wenn Sie Ihren ureigensten Wesenskern samt Ihren Schwächen und Grenzen kennen, können Sie sich so verwirklichen, daß Ihnen das Leben Erfüllung und Zufriedenheit schenkt.

Aber die Astrologie weckt in Ihnen auch Verständnis für die Eigenart Ihrer Mitmenschen und kann so Brücken vom Ich zum Du schlagen und das menschliche Zusammenleben reibungsloser und harmonischer machen. Denn wenn man einmal erkannt hat, wie tief bestimmte Verhaltensweisen in der Natur des Menschen verwurzelt sind, wird man sich auf die Eigenarten seiner Mitmenschen leichter einrichten und ihnen toleranter begegnen können.

Man kann die Astrologie – wenn sie seriös angewandt wird – als die Kunst des Erfassens und Deutens des „Lebenskodes" bezeichnen, der jedem Menschen mit auf den Weg gegeben wird. Eine exakte Wissenschaft ist sie freilich nur in ihrem rechnerischen Teil. Dieser aber ist nur die eine Seite. Die andere heißt Erfahrung, Einfühlungsvermögen, Tiefblick und ist das unentbehrliche Rüstzeug eines jeden Menschen, der ein Horoskop stellen und deuten will. Bei wirklich guten Astrologen gehen diese beiden Seiten immer miteinander einher. Horoskope für Menschen, die der Astrologe nicht persönlich kennengelernt hat, sollten die Ausnahme von der Regel sein! Man muß schon einiges über die Person des Betreffenden wissen und mindestens psychologische Grundkenntnisse besitzen, um ein Horoskop individuell deuten zu können. Computerhoroskope erfüllen diese Voraussetzungen nicht – sie können deshalb nur sehr allgemeine Aussagen machen.

Gibt es auch Gefahren der Astrologie? Je höher ein Mensch geistig entwickelt ist, desto mehr freien Willen hat er, das im Horoskop Angezeigte positiv zu gestalten. Je mehr wir bereit sind, uns zu wandeln, desto weniger unterliegen wir den Einflüssen. Jeder Mensch hat seinen „Lebenskode" und seine persönliche Himmelsmechanik. Der Verzagte und von Trieben Beherrschte ist ihr ausgeliefert. Darum bleibt es in letzter Konsequenz dem einzelnen überlassen, ob er gut daran tut, sich eine astrologische Prognose erstellen zu lassen oder sie selbst zu erstellen. Er sollte sich besser sehr genau prüfen, ob sein Interesse nicht etwa nur der Ausdruck von Lebensangst ist. Dann nämlich besteht die Gefahr, „horoskopsüchtig", also von der Aussage des Horoskops psychologisch abhängig zu werden. Wer so handelt, mißbraucht die Astrologie und verliert seine innere Freiheit.

Mit gesteigertem Bewußtsein und Selbstbewußtsein emanzipiert sich der Mensch immer mehr vom Kosmos. In der Naturverbundenheit früherer Menschheitsepochen war die Bindung des Menschen an sein Horoskop wesentlich stärker, als dies heute der Fall ist. Dies erkennen wir daran, daß jedem ein Maßstab dafür genannt werden kann, an dem er ermessen kann, inwieweit er in der Lage ist, seine inneren Sternenkräfte zu meistern: Je nachdem, wie weit der einzelne in der Lage ist, alte Gewohnheiten zu überwinden, sein angeborenes Temperament zu verändern und sich von vererbungsbedingten Charakteristika freimachen kann, beherrscht er seine Sterne – und nicht seine Sterne ihn!

Der Tierkreis

Tierkreisbild und Tierkreiszeichen

Beide Begriffe tragen die gleichen Namen, müssen aber streng voneinander geschieden werden, denn sie decken sich nicht mehr wie vor etwa 1900 Jahren zur Zeitenwende. Völlig haben sie sich nie gedeckt und können es auch in Zukunft nicht!

Die Tierkreisbilder sind die sichtbaren Sternformationen innerhalb der Ekliptik, d. h. innerhalb des Jahresweges unserer Sonne im Raum. Die sichtbaren Tierkreisbilder sind nicht von gleicher Länge. Das ist der Grund für die Tatsache, daß sich Bild und gleichnamiges Zeichen nur ungefähr decken können. Die gleichnamigen Tierkreiszeichen sind uns unsichtbar. Sie existieren nur im rhythmischen Geschehen, das sich zwischen Sonne und Erde abspielt.

In den zwölf Tierkreiszeichen, nach denen sich fast alle Kalender richten, geht es um den Sonnenrhythmus im Jahresgeschehen. Null Grad Widder – das ist der Anfang des Tierkreises – liegt dem Zeichen nach jeweils da, wo die Sonne sich in der Sekunde der Frühlings-Tagundnachtgleiche von der Erde aus gesehen befindet. Würde man vom Mittelpunkt der Erde eine Linie zur Frühlingssonne ziehen und sie bis zu dem sichtbaren Tierkreisbild verlängern, so würde man heute auf das Sternbild der Fische stoßen.

Jährlich verschiebt sich dieser Frühlingspunkt um 50,24

Bogensekunden rückwärts im Reigen der sichtbaren Tierkreisbilder. Diesen Vorgang nennt man Präzession. Daraus ergibt sich ein Zyklus von 25 920 Jahren oder rund 26 000 Jahren, innerhalb dessen der Frühlingspunkt den ganzen Tierkreis durchwandert und wieder am gleichen Punkt ankommt. Vor rund 26 000 Jahren wies der Frühlingspunkt schon einmal auf das Bild der Fische. Etwa zur Zeitenwende ging die Frühlingssonne vom sichtbaren Bild des Widders über in das der Fische. Im Jahre 2474 wird der Frühlingspunkt in das Bild des Wassermannes überwechseln.

Für die Horoskopie ist diese Verschiebung freilich ohne Belang, weil man schon in früheren Zeiten nicht den sichtbaren Sternbildern, sondern der durch die Tierkreiszeichen gegebenen Einteilung des Jahreslaufes reale Wirkqualitäten zuschrieb, also den astrologischen Tierkreis von den Sternen löste. Daß früher wie heute auch viele Astrologen dieser Abstrahierung nicht fähig sind und immer noch den Sternbildern als Konfigurationen von Himmelskörpern eine tatsächliche Einflußnahme auf das Menschenleben zugestehen, hat der seriösen Astrologie sehr geschadet und sie dem Vorwurf ausgesetzt, jede Horoskopdeutung sei von vornherein als Humbug zu verwerfen, weil in Wirklichkeit heute kein Planet mehr in dem Sternbild stünde, in das der Astrologe ihn ins Horoskopformular einträgt.

Deshalb sei es noch einmal wiederholt: Der Astrologe arbeitet nicht mit Sternbildern, sondern mit Tierkreiszeichen. Der astrologische Tierkreis ist nicht auf Fixsternfiguren bezogen, sondern auf den Jahreslauf der Erde. Nur wenn man sich diese unmittelbare Verknüpfung des astrologischen Tierkreises mit irdischen Gegebenheiten vor Augen hält, vermag man den Sinngehalt der uralten Tierkreissymbole überhaupt zu ergründen. Diese sind nämlich durchaus nicht das Ergebnis einer willkürlichen Projektion von Phantasiegestalten auf das Himmelsgewölbe, sondern zu Symbolen verdichtete Aussagen über energetische Wirkungen des Sonnenlaufs auf irdisches Leben und Geschehen, nicht nur auf körperlicher, sondern auch auf geistig-seelischer Ebene.

Die Entsprechungen der Tierkreiszeichen

Die aus dem Jahreslauf abgeleiteten Aussagen über die Tierkreiszeichen, wie wir sie im Kapitel über die Sonnenzeichen kennenlernen werden, lassen sich erheblich verfeinern und erweitern, wenn wir die Segmente des Tierkreises zueinander in Bezug setzen. Solche auf den Grundcharakteristiken aufbauenden Bezüge kennt man seit alter Zeit.

Mit ihrer Hilfe kann man nicht nur die Charakteristik eines jeden Tierkreiszeichens bestimmen; die Gruppierungen dieser Zeichen sind auch für die Deutung des Gesamthoroskops von großer Wichtigkeit.

Die Polarität

Vom Zeichen Widder ausgehend, teilt man den Tierkreis in positive und negative (männliche und weibliche, aktive und passive) Zeichen auf. Auf ein positives folgt jeweils ein negatives Zeichen. Positiv und negativ sind nicht als „gut" oder „schlecht" bzw. „günstig" oder „ungünstig" zu verstehen, sondern geben die *Wirkrichtung* eines Zeichens an: Zeichen mit positiver Polarität wirken von innen nach außen, Zeichen mit negativer Polarität wirken von außen nach innen.

Tabelle der Polaritäten

Zeichen	*Polarität*
Widder	+
Stier	–
Zwillinge	+
Krebs	–
Löwe	+
Jungfrau	–
Waage	+
Skorpion	–
Schütze	+
Steinbock	–
Wassermann	+
Fische	–

Die Elemente

Uralt ist die Lehre von den vier Elementen oder Grundwesenheiten des Stofflichen und Seelischen, denen schon die alten Griechen die vier Temperamente beiordneten: Feuer, Luft, Erde und Wasser. Die Elemente geben die *Wirkweise* eines Zeichens an. Jedem der Elemente sind drei Tierkreiszeichen zugeordnet.

Das Feuertrigon

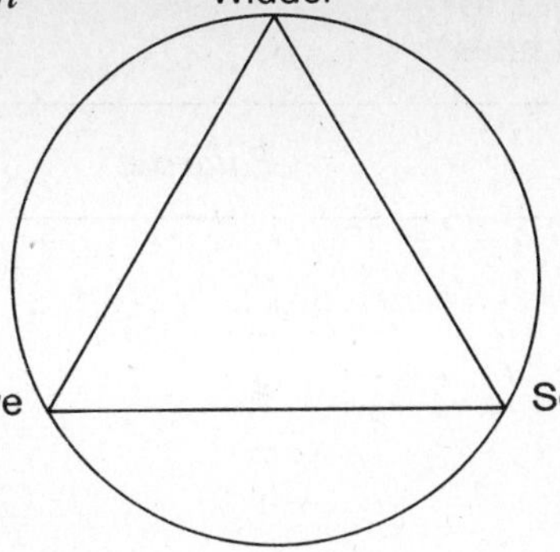

Das Urelement Feuer entspricht der sich strahlenförmig ausbreitenden Bewegungsform. Es manifestiert sich als Energie und Bewegung, als Leben überhaupt. Sein Einfluß schafft Kraft, Kühnheit, Mut, Ehrgeiz, Unternehmungslust, Zuversicht und Selbstvertrauen, Idealismus und starke Empfindungen – aber auch Unbedachtsamkeit, mangelnde Anpassungsfähigkeit, Leidenschaft, Ungeduld, Zorn und Unbeugsamkeit.

Dem Feuerelement gehören die Zeichen

Widder, Löwe, Schütze

an.

– Der Widder ist oft rasch gereizt und flammt schnell auf. Sinnbildlich dafür steht das Anfangs- oder Strohfeuer. Er greift vorwiegend durch die Tat in die Außenwelt ein.

– Das Feuer des Löwen brennt beständiger, gleichmäßiger und stabiler. Er hat viel Wärme und Herzensfeuer zu verschenken. Aufgrund seines Geltungsdranges ist er eher extravertiert.

– Beim Schützen ist das Feuer mehr ein geistiges, es ist beweglicher und schmiegsamer als das Widder- und Löwenfeuer. Den Schützen treibt es infolge seines Expansionsdranges in die Außenwelt.

Das Erdtrigon

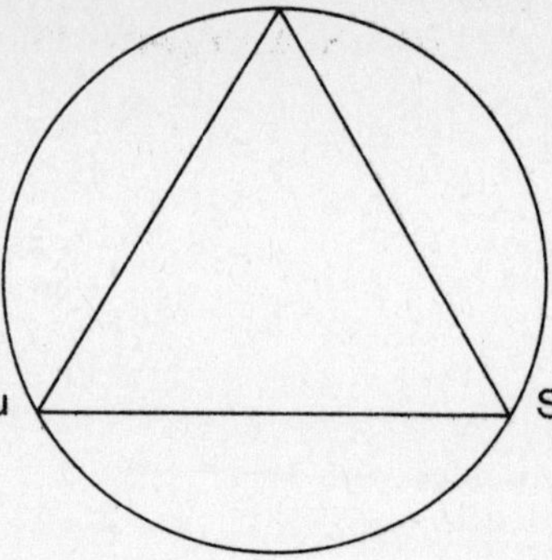

Das Urelement Erde entspricht der zusammenziehenden Bewegungsform und führt daher zur dichteren, festen Manifestation. Hier herrscht eine größere Bindung und Anpassung an das Materielle, an das egoistische Fühlen und Wollen vor. Dieses Urelement zeitigt prägende und überlegende geistige Qualitäten und führt zu Stetigkeit, Fleiß, Geduld, Ausdauer, Verstand, guter Konzentrationsfähigkeit, Wirklichkeitsnähe – aber auch zu Starrsinn, Habsucht, Strenge, Unbeugsamkeit, Fanatismus, Kritiksucht und Genußliebe.

Dem Erdelement gehören die Zeichen

Steinbock, Stier und Jungfrau

an.

– Der Steinbock hat die Fähigkeit zu gewaltigen Anstrengungen, aber er neigt auch zu Starrheit und Herrschsucht.

– Der Stier versteht Substanz anzuziehen und anzuhäufen. Ihn prägen Beschaulichkeit und Beharrungswillen.

– Die Jungfrau ist am ehesten an die Realität und die jeweiligen Lebensbedingungen angepaßt.

Das Lufttrigon

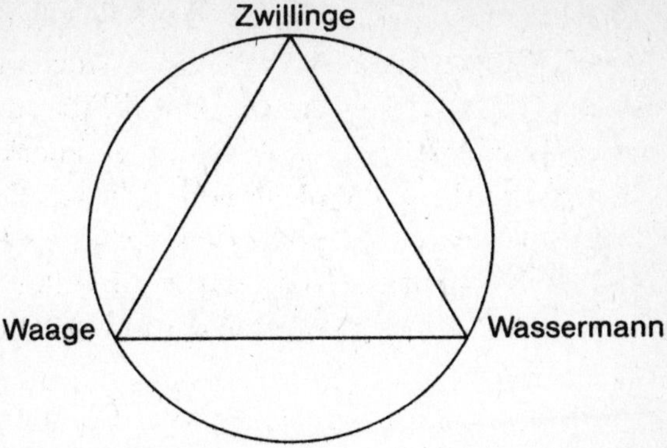

Das Urelement Luft beherrscht die gasförmige Bewegungsform. Dadurch entsteht Schmiegsamkeit, Schnelligkeit und größere Anpassungsfähigkeit. Empfindungen und Gefühle sind lebhafter, die geistigen Fähigkeiten beweglicher, die Eindrucksfähigkeit stärker. Interessen und Neigungen werden schnell geweckt, doch besteht die Tendenz, das Objekt zu wechseln.

Dem Luftelement gehören die Zeichen

Waage, Wassermann, Zwillinge

an.

– Die Waage neigt zum Abwägen, Anpassen und Ausgleichen: Deshalb ist sie begabt zum Vermitteln.

– Der Wassermann steht dem Prinzip des höheren Wissens am nächsten. Er ist fähig zu intuitivem Denken und Handeln.

– Der Zwilling bleibt im Denken mehr in den Bereichen des Stofflichen und ist geeignet für die Einholung und Weitergabe von Informationen.

Das Wassertrigon

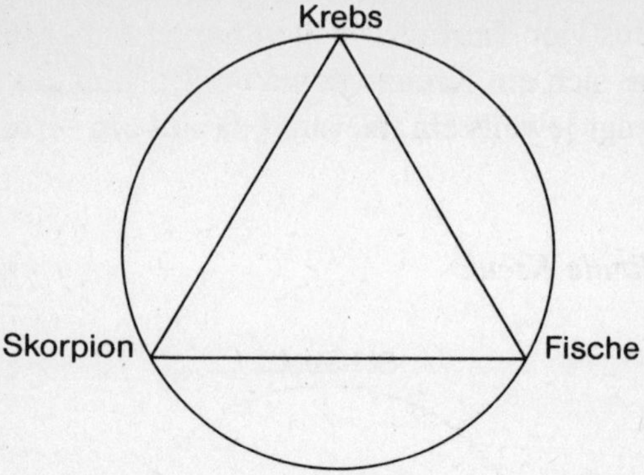

Das Urelement Wasser entspricht der flüssigen bzw. sich wellenartig ausbreitenden Bewegungsform und beeinflußt sehr stark das Gefühl, das Gemüt und die Empfindungswelt. Es verursacht im allgemeinen eine Neigung zur melancholischen Träumerei, stillen Beschaulichkeit und Ruhe, zur Bequemlichkeit und zum Wohlleben. Es macht weicher, leicht beeinflußbar und ebenso leicht dem Stimmungswechsel unterworfen.

Dem Wasserelement gehören die Zeichen

Krebs, Skorpion und Fische

an.

– Den gefühlsbetonten Krebs prägen Einfühlungsvermögen, Anpassungsfähigkeit und Verbindlichkeit. Dabei ist er jedoch wechselhaft und voller Gegensätze.

– Beim Skorpion drängt die geballte Energie nach allen Seiten ihrer Auswirkung zum Äußersten. Die Gefühle sind sehr stark, die seelischen Spannungen groß.

– Der passive Fisch ist empfänglich für geistig-seelische Strömungen aller Art.

Die Qualitäten

Die Qualitäten besagen, welche *Wirkintensität* ein Zeichen hat. Jeweils vier Tierkreiszeichen haben die gleiche Qualität, so daß sich ein Kreuzschema ergibt. Auf ein Kardinalzeichen folgt jeweils ein fixes und darauf ein veränderliches Zeichen.

Das kardinale Kreuz

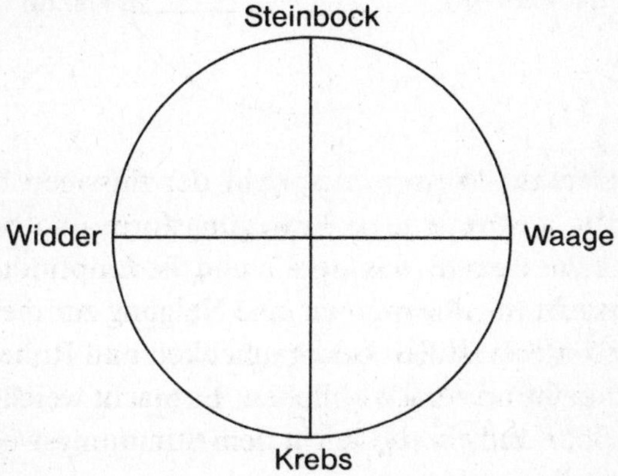

Die Gliederung des ekliptischen Raums in das kardinale oder Hauptkreuz resultiert aus den Zeichen der Tagundnachtgleiche – Widder und Waage – und den Zeichen des Wendekreises der Sonne – Krebs und Steinbock. An den Sonnenwenden werden die Polaritäten des Lebens in reinster Weise erfahren. Deshalb sind die kardinalen Zeichen gewissermaßen die Hauptzeichen des Tierkreises! Ihnen wird seit altersher die stärkste Wirkmacht zugeschrieben, Menschen mit betonten Kardinalszeichen im Horoskop besitzen als Anlage ein dynamisches, zielgerichtetes Vorwärtsstreben. Sie zeigen Mut zu Entscheidungen, Risiko- und

Einsatzbereitschaft, sind formungsintensiv, handeln aktiv, unternehmend, tatkräftig, schöpferisch, impulsgebend und richtungweisend, ehrgeizig, bestimmt und bestimmend, – aber auch rastlos, unbeständig, voreilig, unbedacht und sind Spannungen unterworfen.

Das fixe oder feste Kreuz

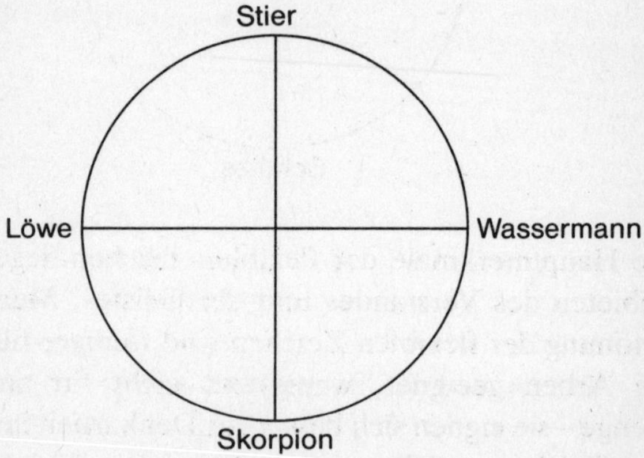

Die Betonung des fixen Zeichens zeigt ein statisches Verhalten. Gehandelt wird erst nach gründlicher, angemessener Überlegung. Die Ziele werden durch Ausdauer und Beharrlichkeit erreicht. Es besteht die Fähigkeit, etwas zu konsolidieren, das einmal Geschaffene zu erhalten und zu pflegen.

Menschen mit Betonung des fixen Kreuzes sind anlagebedingt die zuverlässigsten Menschentypen. Sie sind ausdauernd, stabil, fest gegründet, konzentriert, in sich ruhend, sicherheitsstrebend – aber auch starrsinnig, unbeweglich, festgefahren bis stur.

Das flexible oder veränderliche Kreuz

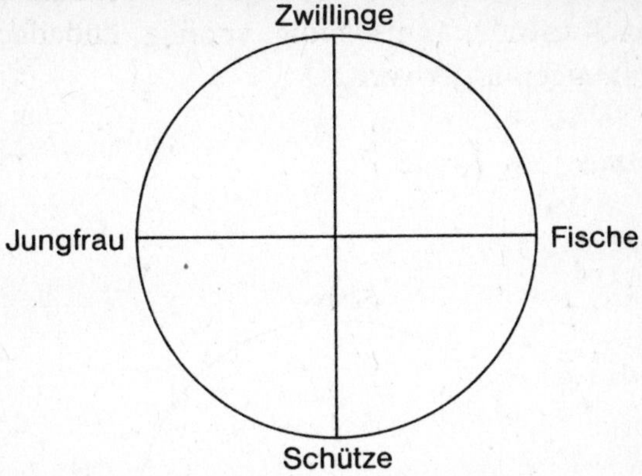

Die Hauptmerkmale der flexiblen Zeichen liegen auf den Gebieten des Verstandes und des Geistes. Menschen mit Betonung der flexiblen Zeichen sind weniger für körperliche Arbeit geeignet, wenigstens nicht für andauernde, strenge – sie eignen sich besser für Denkarbeiten. Die flexiblen Zeichen verleihen mehr Anpassungsfähigkeit als bei den anderen Gruppen, ecken weniger an als die Kardinalen und die Fixen und verstehen es besser, einmal gemachte Fehler wieder auszugleichen. Sie umgehen krasse Härten und versuchen, ihr Ziel auf dem Wege des geringsten Widerstandes zu erreichen. Menschen mit betonten flexiblen Zeichen besitzen eine gute Anpassungsfähigkeit, Beweglichkeit bei der Durchführung eines Schaffensprozesses und die Fähigkeit, sich schnell in veränderliche Umstände hineinzufinden. Sie sind vielseitig, ideenreich, beweglich, fleißig, weltoffen – aber auch nervös, labil und schweifend und verfügen über wenig Kraftreserven.

Menschenkenntnis und Selbst-erkenntnis nach den Sonnenzeichen

Die sogenannten Sonnenzeichen sind diejenigen Sternzeichen, in denen am Tag der Geburt eines Menschen die Sonne steht. (Näheres darüber finden Sie im Kapitel „Die Bausteine des Horoskops".) Obwohl das Sonnenzeichen allein nicht ausreicht, um eine umfassende und eindeutige Charakteranalyse zu erstellen, ist es doch ein bedeutsames Instrument der allgemeinen Menschenkenntnis und Selbsterkenntnis. Aus diesem Grunde wird den Sonnenzeichen in diesem Buch auch ein so breiter Raum zugewiesen. Übrigens werden Sie erstaunt sein über die verblüffende Treffgenauigkeit der Angaben über Eigenschaften, Anlagen und Verhaltenstendenzen der unter einem bestimmten Sternzeichen geborenen Menschen!

Zusammenfassende Tabelle der Sternzeichen

Symbol	Sternzeichen	von ... bis ...
♈	Widder	21. März – 20. April
♉	Stier	21. April – 21. Mai
♊	Zwillinge	22. Mai – 21. Juni
♋	Krebs	22. Juni – 22. Juli
♌	Löwe	23. Juli – 23. August
♍	Jungfrau	24. August – 23. September
♎	Waage	24. September – 23. Oktober
♏	Skorpion	24. Oktober – 22. November
♐	Schütze	23. November – 21. Dezember
♑	Steinbock	22. Dezember – 20. Januar
♒	Wassermann	21. Januar – 19. Februar
♓	Fische	20. Februar – 20. März

Widder

21. März bis 20. April ♈
Planetenherrscher: Mars
Herrschendes Element: Feuer

Äußeres:
Widder-Menschen haben meistens scharfe, prägnante Züge. Oft laufen ihre Augenbrauen auf dem Nasenrücken zusammen und bilden damit das Zeichen des Widders. Die Gesichtsfarbe ist häufig kräftiger als gewöhnlich, und oft trifft man rötlich schimmerndes Haar bei ihnen an. Die Bewegungen sind schnell und zweckmäßig – ähnlich arbeitet der Verstand. Widder haben im allgemeinen breite Schultern und gehen leicht nach vorn gebeugt – sozusagen mit dem Kopf voran! –, und sie sind fast immer in großer Eile. Sehr anmutig sind die Widder-Menschen nicht, aber nur wenige gehen krumm. Ihre Haltung spiegelt ihre starke Persönlichkeit und ihr Selbstvertrauen wider.

Charaktereigenschaften:
Widder-Typen gehören zu den nach außen lebenden (extravertierten) Menschen. Sie lieben den energischen Willenseinsatz. Zu ihren herausragenden Eigenschaften gehören Dynamik, Tatkraft, Mut, Entschlossenheit, Zielstrebigkeit, Geradlinigkeit, Offenheit, Freiheitsliebe, Selbständigkeit, Unternehmungslust, Ehrgeiz und Selbstsicherheit.

Widdermenschen haben das Bestreben, überall die Führung zu übernehmen. Bescheidenheit und Takt gehören nicht zu ihren Stärken, und auch mit ihrer Geduld ist es nicht weit her. Täuschung und Unaufrichtigkeit sind den Widdern fremd. Ihre guten Eigenschaften können in Übersteigerung leicht ins Negative umschlagen. Es kann passieren, daß sie dann zu unüberlegtem Draufgängertum, zu Aggressivität, Starrköpfigkeit, Streitsucht, Taktlosigkeit, Überheblichkeit, Gewalttätigkeit, Strebertum und Rücksichtslosigkeit werden.

In der Regel sind Widder-Typen stark ichbezogen. Egozentrik ist keineswegs von vornherein mit Egoismus gleichzusetzen, aber es besteht die Gefahr, daß sie in Selbstsucht ausartet. Untätigkeit macht den praktisch veranlagten Widder leicht rastlos, unzufrieden und gereizt.

So ist der Widder-Mann:
Widder-Männer sind treu und romantisch, außerdem eifersüchtig und besitzgierig. Sie sind leidenschaftliche Liebhaber, können aber keine Leidenschaft vortäuschen, die sie nicht empfinden. Auch in einer Partnerschaft wollen sie stets selbst führen und lehnen es ab, sich unterzuordnen. Außerdem halten sie sich für klüger als alle anderen. Um einen Widder-Mann zu halten, darf eine Frau nicht langweilig sein und sollte ihm immer wieder das Gefühl geben, der Größte und Beste zu sein. Widder sind hingebungsvolle, stolze Väter – allerdings auch ihren Kindern gegenüber herrschsüchtig.

So ist die Widder-Frau:
Widder-Frauen sind treu, idealistisch und im höchsten Maße eifersüchtig. Wenn ein ehrlicher Grundton vorhanden ist, sind sie auch empfänglich für Schmeicheleien. Eine Widder-Frau kann leichter ohne Mann auskommen als jede andere Frau. Sie kann fast alles, wenn es nötig ist, und ist deshalb eine ausgesprochene Karrierefrau. Trotzdem ist sie nicht so robust, wie sie aussieht und wie sie gerne sein

möchte: Im Grunde ist sie verletzlich. Widder-Frauen verwöhnen ihre Kinder nicht allzusehr, erziehen sie aber dafür zur Unabhängigkeit.

Partnerschaft: Wie vertragen sich . . .

Widder und Widder:
Wenn sie unterschiedlich genug sind, werden sie sich glücklich ergänzen. Statt um die Vorherrschaft zu kämpfen, werden sie möglicherweise ihre Kräfte vereinen. Anpassungswille und Verständigungsbereitschaft von beiden Seiten muß allerdings vorhanden sein.

Widder und Stier:
In einer solchen Verbindung ist es wichtig, daß der Widder die Sensibilität des Partners achtet und der Stier seinen eifersüchtigen Ausschließlichkeitsanspruch zügelt. Eine Verbindung, die nicht ganz unproblematisch ist!

Widder und Zwilling:
Der Widder sollte sich hüten, den Zwilling leiten und gängeln zu wollen. Dann kann eine solche Beziehung dauerhaft sein. Da Widder und Zwillinge vielseitig interessiert sind, wird Langeweile kaum aufkommen.

Widder und Krebs:
Dem Widder fällt es meistens schwer, sich auf den Krebs einzustellen. Oft fühlt er sich durch ihn regelrecht eingeengt. Wegen ihrer Wesensverschiedenheit – der Widder ist direkt und freiheitsliebend, während der Krebs eher empfindsam und anhänglich ist – kann es immer wieder zu Spannungen kommen.

Widder und Löwe:
Beide sind geborene Führernaturen, beide wollen ihre Umgebung prägen. Gemeinsame Ziele und Interessen gibt es in einer solchen Verbindung meistens genug. Wenn jeder den

anderen gelten läßt, wird eine solche Partnerschaft von Dauer sein.

Widder und Jungfrau:
Die Jungfrau kann sehr zärtlich sein, ist aber nicht sinnlich. Dem impulsiven Widder ist sie oft zu kühl. Wenn er sich aber auf den Jungfrau-Partner einzustellen vermag, wird es ihm dieser mit Treue und Hingabe lohnen.

Widder und Waage:
Hier müssen sich schon die Gegensätze anziehen, denn wesensmäßig sind beide sehr verschieden! Andererseits kann sich der Widder für die meist amüsante, interessante und charmante Waage begeistern, und die starke erotische Spannung zwischen beiden kann zu einer tiefen Bindung werden.

Widder und Skorpion:
Gemeinsam ist beiden ihr Tätigkeitsdrang, aber der Skorpion ist verschlossener und gleichzeitig besitzergreifender. In einer engen Verbindung kann dies Schwierigkeiten bereiten – zumal ihn die Direktheit und Offenheit des Widders zutiefst verletzen kann.

Widder und Schütze:
Wenn sich zwei Menschen finden, die gleichermaßen tatenfreudig, begeisterungsfähig und schwungvoll sind, die viele Interessen teilen und sich auf vielen Gebieten ausgezeichnet ergänzen, kann eigentlich nichts schiefgehen, und Langeweile wird in einer solchen Verbindung ein Fremdwort sein.

Widder und Steinbock:
Wenn Widder und Steinbock sich zusammentun, können sie materiell viel erreichen. Aber beide müssen Zugeständnisse machen: Der Widder muß sich auf die wirklichkeitsverhaftete Bodenständigkeit des Steinbocks einstellen, dieser wiederum darf nicht versuchen, den Widder an eine allzu kurze Leine zu nehmen.

Widder und Wassermann:
Beide fühlen sich voneinander angezogen, ihre Gegensätzlichkeiten können jedoch Probleme aufwerfen. Der Wassermann fühlt sich durch den realistisch orientierten Partner in seinen Höhenflügen eingeschränkt, während es den Widder stört, daß der Wassermann sich oft viel mehr für Gruppen, Vereine, Außenseiter der Gesellschaft und Weltverbesserungsmaßnahmen aller Art interessiert als für ihn. Beide brauchen viel Geduld und Verständnis füreinander, wenn eine solche Verbindung halten soll.
Widder und Fisch:
In ihren Einstellungen und Verhaltensweisen sind Widder und Fisch grundverschieden. Meistens ist es eine tiefe Gefühlsbindung, die eine solche Beziehung trägt. Der Widder sollte dabei die Führung in materiellen Angelegenheiten übernehmen und überdies Verständnis für die Phantasiewelt des Partners aufbringen, der ihm dies durch die ihm eigene Anpassungsfähigkeit und Opferbereitschaft danken wird.

Der Widder im Beruf:
Die Praxis liegt den Widdern weit mehr als die Theorie, und sie organisieren mit Leidenschaft und erfolgreich. Beharrlichkeit, Durchsetzungswillen, Entscheidungsfreudigkeit und eiserne Disziplin zeichnen sie aus. Widder wollen Verantwortung tragen, und es gibt wenig, das sie nicht tun würden, um sich den Beifall ihres Chefs zu verdienen. Widerspruch ertragen sie allerdings nicht sehr gut, und ihr Verhältnis zu Vorgesetzten, Untergebenen und Kollegen kann durch ihre Direktheit und ihr mangelndes Einfühlungsvermögen stark belastet werden. Widder sind geborene Werbefachleute, auch das Verkaufen gehört zu ihren

Naturtalenten. Sie sind vorbildliche Sekretäre und Sekretärinnen, und man findet hervorragende Manager in ihren Reihen. Technische Berufe rangieren in der Statistik der bevorzugten Berufe ganz vorne – Ingenieure und Konstrukteure ebenso wie Schweißer, Fräser usw.

Der Widder und seine Gesundheit:
Der Widder hat eine zähe und kräftige Konstitution, die er leider nur allzu oft mißbraucht, weil er sich übermäßig viel Arbeit auflädt. Der wahre Grund für die meisten seiner Krankheiten ist nicht selten Ärger über die Behinderung seiner Absichten. Besonders anfällig sind Widder gegen Infektionen, hohen Blutdruck, Nervosität, Schlaflosigkeit, Nieren- und Blasenleiden sowie Kopf- und Zahnschmerzen.

Prominente Widder:
Johann Sebastian Bach
Otto von Bismarck
Wernher von Braun
Wilhelm Busch
Charlie Chaplin
Nikita Chruschtschow
Joan Crawford
Paul Dahlke
Bette Davis
Doris Day
Willi Forst
Vincent van Gogh
Joseph Haydn
Ernst Jünger
Herbert von Karajan
Therese von Konnersreuth
Alfred Kubin
W. I. Lenin
Anna Magnani
Gregory Peck
W. C. Röntgen
Simone Signoret
Arturo Toscanini
Peter Ustinov
Edgar Wallace
Tennessee Williams
Emile Zola

Stier

21. April bis 21. Mai
Planetenherrscher: Venus
Herrschendes Element: Erde

♉

Äußeres:
Der ganze Körper ist gut proportioniert. Bei den Männern ist der Hals oft fleischig oder muskulös (nicht selten findet man auch einen Stiernacken!), Schultern, Brust und Rücken sind breit und kräftig. Die „Erdenschwere“ des Stiers äußert sich auch in seinem Gang: bedächtig und gemessen.

Charaktereigenschaften:
Stier-Typen gehören zu den nach innen gerichteten (introvertierten) Menschen. Sie sind nüchterne Realisten und Lebenspraktiker. Sie erstreben das „Bleibende“ – Besitz, Geld, eine feste Partnerschaftsbeziehung. Ihre Pläne verfolgen sie mit Zähigkeit, äußere Widerstände werden eisern überwunden. Haben sie einmal eine Meinung gefaßt, bleiben sie dabei. Stiere möchten ihre Ruhe haben – Veränderungen regen sie auf, und wenn man sie drängt, werden sie störrisch. Sie sind selten grausam und rachsüchtig, können aber – wenn man sie zu stark reizt – in blinde „Stierwut“ geraten und rot sehen. Gegenüber ihren Freunden und ihrer Familie sind sie von größter Treue und Ergebenheit. Darüber hinaus sind sie seßhaft, stabil, arbeitsam und Konventionen und Traditionen verhaftet. Hüten sollten Stiergeborene sich jedoch vor der Gefahr der Erstarrung, vor übertriebenem Konservativismus und vor übersteigertem Besitzdenken. Es wäre gut, wenn sie versuchten, etwas wendiger zu sein und mehr auf die Mitwelt einzugehen.

So ist der Stier-Mann:
Stier-Männer sind zärtliche und beschützende Liebhaber. Hinter ihrer ruhigen und standhaften Natur verbergen sie eine romantische Seele. Die Liebe eines Stieres ist unkompliziert und ehrlich, und er tut alles für die Frau, die er liebt – aber er erwartet, daß sie seine Autorität anerkennt. Der Stier lebt nach seinem eigenen, gemächlichen Rhythmus – man darf ihn weder hetzen noch drängen. Seinen Kindern ist er ein liebevoller, gütiger und verständnisvoller Vater, der aber – wenn es nötig ist – durchaus für Disziplin sorgen kann.

So ist die Stier-Frau:
Die Stier-Frau ist auch in der Liebe offen und ehrlich und nimmt die Menschen so, wie sie sind. Sie ist zu starker Selbstbeherrschung fähig, und ihre große innere Stärke, ihre Ausgeglichenheit, Freundlichkeit und Unbekümmertheit machen sie zu einem guten Kameraden. Darüber hinaus ist sie aber auch ein sinnliches Wesen mit einem großen Bedürfnis nach Zärtlichkeit. Als Mutter ist sie warmherzig und verständnisvoll, läßt ihren Sprößlingen aber weder Ungehorsam und Trotz noch Faulheit und Schlamperei durchgehen.

Partnerschaft: Wie vertragen sich . . .
Stier und Widder:
siehe Widder und Stier
Stier und Stier:
Beide sind gleichermaßen sinnlich in der Liebe, hegen den gleichen Wunsch nach Häuslichkeit und Sicherheit und haben die gleiche Freude an den schönen und guten Dingen des Lebens. Außerdem können zwei Stier-Partner, die ihren

Fleiß und ihr Beharrungsvermögen auf die gleichen Dinge richten, es materiell sehr weit bringen.

Stier und Zwilling:

Wenn die Partner in der Lage sind, sich aufeinander einzustellen, können beide von einer solchen Verbindung profitieren: der stabile, gemütstiefe Stier ebenso wie der wendige, intellektuelle Zwilling. Die vielfältigen Anregungen, die vom Zwilling ausgehen, können dann dem Stier neue Horizonte und Welten eröffnen, während der Zwilling Geborgenheit und materielle Sicherheit findet.

Stier und Krebs:

Hier herrscht weitgehende Harmonie, denn beide Partner wünschen Geborgenheit und Sicherheit, sind häuslich und brauchen Nestwärme. Der Stier ist imstande, dem oft unsicheren Krebs den Rücken zu stärken, während der Krebs solche Hilfe durch Zuverlässigkeit und Anhänglichkeit lohnt.

Stier und Löwe:

Der Stier ist leicht von dem energischen, selbstsicheren Löwen fasziniert. Für den Löwen wird es durch einen Stier-Partner oft ermöglicht, Pläne zu verwirklichen, die er zwar mit großer Dynamik entwirft, aber mangels Ausdauer kaum selbst durchführt. Aber da beide Partner besitzergreifend und halsstarrig sind, wird eine solche Verbindung kaum konfliktfrei sein.

Stier und Jungfrau:

Die Hingabebereitschaft der Jungfrau und die Gemütswärme des Stiers entsprechen einander, auch der Wirklichkeitssinn, der beiden eigen ist, verbindet sie. Dagegen fehlt es meistens an erotischer Spannung, was jedoch in einer solchen Verbindung nicht zum Problem wird, da auf diesem Gebiet beide eher verhalten sind.

Stier und Waage:
Obwohl die Waage für die tiefen Gefühle des Stiers sehr empfänglich ist, hat sie auch das Bedürfnis nach vielfältigen Kontakten zur Mitwelt. Das kann zusammen mit manchen anderen wesensmäßigen Gegensätzen viele Probleme aufwerfen. Der Stier möchte den Partner für sich haben, während die Waage nicht bevormundet und eingeengt werden will. In einer solchen Partnerschaft ist also viel Diplomatie und Rücksichtnahme nötig.
Stier und Skorpion:
Beide sind für Zärtlichkeit empfänglich, sind tiefer Gefühle fähig und verstehen sich auch auf erotischem Gebiet meistens sehr gut. Aber den Stier stören sowohl die wirklichkeitsfremden Höhenflüge des Skorpions wie auch dessen Hang zur Besserwisserei. Den Skorpion wiederum irritiert der Materialismus des Stiers. In einer solchen Verbindung wird es also nicht ohne gelegentliche heftige Auseinandersetzungen abgehen.
Stier und Schütze:
So anregend der Stier die Freundschaft mit dem wesensmäßig so unterschiedlichen Schützen empfinden mag, fällt es doch schwer, einen gemeinsamen Nenner zu finden. Es ist kaum möglich, den freiheitsliebenden Schützen an die kurze Leine zu nehmen – genau das aber wird der Stier, seiner Natur entsprechend, bei jedem Partner versuchen. Den Schützen stört darüber hinaus die Eifersucht des Stiers und seine mangelnde Kontaktfreude.
Stier und Steinbock:
Beide sind erdverbundene, zielstrebige Realisten, beide schätzen materielle Güter. Wenn sie sich zusammentun, ist es sehr wahrscheinlich, daß sie es materiell zu etwas bringen. Wenn in einer solchen Verbindung auch oft die große Lei-

denschaft fehlt – sie ist in der Regel dauerhaft und solide.
Stier und Wassermann:
Wenn eine solche Beziehung erfolgreich sein soll, muß der Stier auf seinen Ausschließlichkeitsanspruch verzichten, und der Wassermann muß lernen, Rücksichtnahme und Disziplin zu üben. Aber da zu den Haupteigenschaften beider Sternzeichen die Verständnisbereitschaft gehört, ist es ihnen durchaus möglich, sich auf die Eigenheiten des Partners einzustellen.
Stier und Fisch:
In einer solchen Verbindung gibt es meistens nur wenig Schwierigkeiten, weil der anpassungswillige Fisch dem Stier gern die Führung überläßt. Beide Partner lieben Annehmlichkeit und Sicherheit. Die Gemütswärme des Stiers und die Gefühlstiefe des Fische-Partners harmonisieren hervorragend miteinander.

Der Stier im Beruf:
Arbeiten und genießen – Stiere tun beides sehr intensiv. Häufig verbinden sich beide Richtungen, deshalb findet man auffallend viele Stiergeborene in Branchen, die mit den leiblichen Bedürfnissen zu tun haben – etwa im Konfektions- und Modebereich oder auf dem Lebensmittelsektor. Auch als Innenarchitekten sind sie sehr erfolgreich. Ebenso liegen ihnen Finanzberufe – sie arbeiten etwa als Bankkaufmann oder Wirtschaftsprüfer. Die tiefe Liebe zum Land drückt sich ebenfalls häufig in ihrer Berufswahl aus: Viele Stiere sind Landwirt, Förster, Gärtner oder Tierarzt.

Sehr ehrgeizig sind Stiere nicht, aber sie sind doch immer darauf bedacht, sich eine stabile materielle Basis zu schaffen. Sie sind zäh und geduldig, aber nicht besonders dynamisch und schon gar nicht geborene Führernaturen. Am besten liegt ihnen eine Berufstätigkeit in einer sicheren Position, die keine Risiken birgt, keine raschen Entscheidungen verlangt und keine allzu großen Verantwortungen mit sich bringt. Routinearbeit dagegen stört sie nicht.

Der Stier und seine Gesundheit:
Stiere haben im allgemeinen eine kräftige Konstitution. Erkranken sie jedoch einmal, erholen sie sich nur sehr langsam wieder – was zum Teil an ihrer Neigung zum Pessimismus liegen mag. Durch ihre Liebe zu gutem Essen und Trinken neigen Stiere leicht zu Übergewicht. Anfällig für Erkrankungen sind vor allem Rachen, Hals, Rücken und Wirbelsäule, die Geschlechts- und Ausscheidungsorgane. Auch Herzleiden sind häufig.

Prominente Stiere

Fred Astaire
Honoré de Balzac
Johannes Brahms
Gary Cooper
Oliver Cromwell
Bing Crosby
Salvador Dali
Werner Egk
Königin Elisabeth II. von England
Ella Fitzgerald
Margot Fonteyn
Sigmund Freud
Max Frisch
Bernhard Grzimek
Audrey Hepburn
Adolf Hitler
Immanuel Kant
Alfred Krupp
Hans-Joachim Kulenkampff
Karl Marx
Yehudi Menuhin
Maria Theresia
Christian Morgenstern
Vladimir Nabokov
Bertrand Russell
William Shakespeare
Axel Springer

Zwillinge

22. Mai bis 21. Juni ♊
Planetenherrscher: Merkur
Herrschendes Element: Luft

Äußeres:
Zwillinge sind meistens schlank und oft groß. Ihre Kopfform ist schmal bis länglich, das Gesicht schmal und der Hals lang. Sie zeichnen sich durch schnelle Bewegungen aus, mitunter auch durch einen leicht tänzelnden Gang.

Charaktereigenschaften:
Zwillinge sind verstandesbestimmt und leben nach außen (extravertiert). Ihr Doppelzeichen findet seine Entsprechung in den „zwei Seelen in ihrer Brust“. Sie wollen die Welt von außen erleben, brauchen Kontakte und Freundschaften. Die Fülle ihrer Eindrücke, Ideen, Pläne und Ziele birgt die Gefahr, sich zu zersplittern. Trotz ihrer oberflächlichen Wärme und der oft charmanten Verbindlichkeit sind Zwillinge im Innern kühl, reserviert und einsam.

Zwillinge zeichnen sich aus durch rasche Auffassungsgabe, Wendigkeit, Anpassungsfähigkeit, Kontaktfreudigkeit, Vielseitigkeit, Spontaneität, Scharfsinn, Logik, Diplomatie, Geselligkeit und Unterhaltsamkeit. Sie lassen sich eher von ihrem Verstand als durch Gefühle leiten, können aber stark durch Stimmungen beeinflußt werden. Sobald ihr Interesse an einer Sache erlahmt, erlahmen auch ihre Kräfte. Deshalb führen sie immer wieder Begonnenes nicht zu Ende, springen auf halbem Wege ab, um sich etwas Neuem zuzuwenden. Ihre Interessen gehen weniger in die Tiefe als in die Breite.

Zwillinge sollten versuchen, sich Konzentration und ausdauernde Zielstrebigkeit anzuerziehen. Wenn sie ihre Kräfte ständig verzetteln, treiben sie einen Raubbau, der zum Zusammenbruch führen kann.

So ist der Zwillinge-Mann:
Ein Zwillinge-Mann ist ein großartiger Gesprächspartner mit untadeligen Manieren. Er kann lieben, ohne den anderen mit seiner Liebe zu ersticken. Aber er kann sich ebenso schnell in eine Liebe hinein- wie wieder herausreden, und man kann nicht damit rechnen, daß er morgen derselbe ist, der er heute ist. Als Vater neigt er dazu, seine Kinder zu verwöhnen. Er wird ihnen ein guter Kamerad sein, aber kein strenges Regiment führen.

So ist die Zwillinge-Frau:
Sie ist eine unabhängige Individualistin, eine bezaubernde Gastgeberin und eine großartige Kameradin. Langweilig ist es nie mit ihr, denn sie hat den Kopf voller Gedanken und das Herz voller Hoffnungen. Als Mutter legt sie großen Wert auf gute Leistungen in der Schule, ist allerdings an einem Tag streng, am anderen nachgiebig, so daß es an einer festen Linie in der Erziehung fehlt.

Partnerschaft: Wie vertragen sich . . .
Zwillinge und Widder:
siehe Widder und Zwillinge
Zwillinge und Stier:
siehe Stier und Zwillinge
Zwillinge und Zwillinge:
Eine Verbindung, die nie unter Langeweile leiden wird! Daß beide immer wieder in einem harmlosen – wenn auch

oft intensiven – Flirt Selbstbestätigung suchen, kann sich auf die Partnerschaft durchaus belebend auswirken.

Zwillinge und Krebs:
Der Zwilling fühlt sich zu dem gefühlvollen, warmherzigen, oft verhaltenen Krebs hingezogen! Diesen fasziniert die geistige Wendigkeit des Zwillings. In einer Partnerschaft kann ihre Gegensätzlichkeit freilich Probleme aufwerfen. Der Zwilling sollte deshalb unbedingt auf die Gefühle des Krebses Rücksicht nehmen, der Krebs dagegen versuchen, dem Partner den nötigen Freiraum zu lassen.

Zwillinge und Löwe:
Den Zwilling beeindrucken die Selbstsicherheit, Herzlichkeit und Großzügigkeit des Löwen; dieser wiederum schätzt die geistige Beweglichkeit und den Ideenreichtum des Zwillings. Die Verbindung von Geist und Charme, von Einfällen und Tatkraft kann für beide Partner von Nutzen sein.

Zwillinge und Jungfrau:
Die zurückhaltende Jungfrau liegt dem wendigen, aber eher oberflächlichen Zwilling nicht sonderlich, und die Jungfrau bringt für die oft unrealistischen Höhenflüge des Zwillings wenig Verständnis auf. Eine Partnerschaft zwischen beiden ist also wegen der starken Wesensunterschiede nicht unproblematisch, aber sie kann durch die positiven Grundeigenschaften beider – Loyalität beim Zwilling, Geduld und Treue bei der Jungfrau – doch von Dauer sein.

Zwillinge und Waage:
Beide stimmen in vieler Hinsicht gut überein. Allerdings sollte der Zwilling sich davor hüten, Eifersucht zu zeigen oder die weniger aktive Waage ständig anzutreiben. Die Waage dagegen sollte nicht versuchen, den Zwilling an eine allzu kurze Leine zu nehmen, und möglichst auch, unentschlossenes Schwanken zu vermeiden.

Zwillinge und Skorpion:
Auf intellektueller Ebene verstehen sich beide hervorragend, dennoch können ihre starken Wesensunterschiede hart aufeinanderprallen. Der ichbezogene Skorpion sehnt sich nach friedlicher Häuslichkeit, der extravertierte Zwilling braucht vielfältige Kontakte zur Umwelt und weckt damit die Eifersucht des Partners. Toleranz und Verständnis auf beiden Seiten ist nötig, um eine solche Verbindung dauerhaft zu gestalten.
Zwillinge und Schütze:
Gemeinsam sind ihnen ihre Begeisterungsfähigkeit und Entdeckerfreude, ihr Tatendrang und ihre Ruhelosigkeit. Auch auf erotischem Gebiet harmonieren sie gut: Sie schätzen – auch noch in der Ehe – den verspielten Flirt und die unbeschwerte, phantasievolle Sinnlichkeit.
Zwillinge und Steinbock:
Diese Verbindung ist – wegen der Gegensätzlichkeit der Charaktere – verhältnismäßig selten, kann aber bei beidseitiger Toleranz recht glücklich und dauerhaft sein. Beide Partner können dabei profitieren: Mit seinem wendigen Geist kann der Zwilling den Steinbock aus der Reserve locken und ihm einen größeren intellektuellen Radius verschaffen, während der Steinbock auf den Zwilling stabilisierend und vertiefend wirken kann.
Zwillinge und Wassermann:
Dies ist eine der Verbindungen, in denen es keine Langeweile gibt. Allerdings muß der Zwilling sich auf die Eigenwilligkeit des Partners und dessen zeitweiliges Bedürfnis nach Einsamkeit einstellen, und der Wassermann muß versuchen, seinem Partner zu mehr Beständigkeit zu verhelfen. Übereinstimmung herrscht vorwiegend auf intellektuellem Gebiet. In Liebesdingen harmonieren zwar beide, aber sehr

leidenschaftlich ist weder der Zwilling noch der Wassermann.
Zwillinge und Fische:
Der Fisch braucht Ruhe, Behaglichkeit, Harmonie und Zuverlässigkeit, der Zwilling Anregungen, vielseitige Kontakte, Freiheit. Der anpassungsfähige Fische-Partner ist meistens imstande, sich auf den anderen einzustellen. Dem Zwilling fällt das erheblich schwerer: Ihn stören die Unsicherheit und die Anfälle von Selbstmitleid des Fisches, während diesem die Dynamik und Sprunghaftigkeit des Zwillings auf die Nerven gehen können.

Der Zwilling im Beruf:
Seine vielseitigen Interessen führen nicht selten zu mehrfachen Stellen- und Berufswechseln – was einer zielstrebigen Karriere nicht gerade dienlich ist. Zwillinge neigen zu Berufen, in denen es auf Vielseitigkeit und geistige Wendigkeit ankommt. Eintönigkeit und Routine hassen sie. Sie sind reisefreudig, weshalb man sie häufig als Vertreter und Reisende findet, aber auch in Berufen der Reisebürobranche. Auch publizistische Berufe liegen ihnen. Ein klassischer Eignungsberuf für Zwillinge ist der des Journalisten. Sie berichten immer hart an der Wirklichkeit und halten nicht viel von Spekulationen. Weil sie besonders redebegabt sind, ist auch Verkäufer ein Idealberuf für alle Zwillinge. Überhaupt schneiden Berufe mit Kundenkontakt bei allen Zwillingen gut ab.

Mit ihrer umgänglichen Art kommen Zwillinge bei Vorgesetzten und Arbeitskollegen meist sehr gut an. Gesucht sind sie auch, weil sie vielseitig einsetzbar sind und sich rasch einarbeiten.

Der Zwilling und seine Gesundheit:
Durch die Neigung zur Zersplitterung laden sich Zwillinge leicht zuviel an Verpflichtungen und Arbeiten auf, so daß es zu Zusammenbrüchen kommen kann. Sie tendieren zu allen nervös und psychisch bedingten Leiden, Neurosen, Psychosen, nicht selten auch Schizophrenie – und sind überdies anfällig für Lungenkrankheiten, Bronchialkatarrhe, Asthma, Blutarmut, Rheuma, Gicht und Ischias.

Prominente Zwillinge:

Josephine Baker	Marilyn Monroe
Dante	Joseph Neckermann
Albrecht Dürer	Lilli Palmer
Königin Fabiola von Belgien	Prinz Philip von England
Errol Flynn	Cole Porter
Paul Gauguin	Francoise Sagan
Juliette Greco	Jean Paul Sartre
John F. Kennedy	Oswald Spengler
Theo Lingen	Bertha von Suttner
„Seeteufel“ Graf Luckner	Joseph Tito
Thomas Mann	Richard Wagner

Krebs

22. Juni bis 22. Juli ♏
Planetenherrscher: Mond
Herrschendes Element: Wasser

Äußeres

Bei den Krebsgeborenen gibt es zwei „Grundtypen“: Der erste Typ hat ein hübsches rundes Gesicht mit weicher Haut, einem lachenden Mund und runden Augen. Der zweite Typ ist häufiger anzutreffen: Er hat einen ziemlich hohen Schädel mit buschigen Augenbrauen und hohen Backenknochen und mit kleinen, weit auseinander liegenden Augen. Auffallend ist bei Krebsgeborenen, daß ihre Hände und Füße entweder außergewöhnlich groß oder außergewöhnlich klein sind und daß Frauen entweder eine sehr große Oberweite haben oder aber ausgesprochen flachbrüstig sind.

Charaktereigenschaften

Krebs-Menschen sind gefühlsbestimmt und introvertiert. Sie neigen zu Ängsten und Pessimismus und haben kein übermäßiges Selbstvertrauen. Sie gehen im Leben „zwei Schritte vor, einen zurück“. Ihr Auf und Ab liegt in der Sensibilität, der Bereitschaft zum Wechsel und zu Veränderungen begründet – ist doch der Mond ihr Planetenherrscher! Auch ihre berufliche Linie weist Umwege und Irrwege auf. Mehrmals im Leben fangen Krebse ganz von vorn an. Krebse zeichnen sich durch Feinfühligkeit, Freundlichkeit, Phantasie, Mitgefühl, Vorsicht, Ausdauer, Klugheit, Häuslichkeit, einen ausgeprägten Beschützerinstinkt und ein reiches Gefühlsleben aus. In Übersteigerung können aus diesen positiven Eigenschaften allerdings Überempfindlichkeit, Launenhaftigkeit, Sentimentalität, Wankelmut, Neigung zu Selbstmitleid, Beeinflußbarkeit, Habgier und Trägheit werden.

Sie zeigen sich in der Regel freundlich, hilfsbereit, rücksichtsvoll, aber ihre Stimmung kann ohne ersichtlichen Grund umschlagen. Im Grunde ihres Herzens sehnen sich alle Krebse nach schützender Geborgenheit, wie sie andererseits anderen Schutz schenken möchten.

So ist der Krebs-Mann:

Er ist ein romantischer Träumer, gleichzeitig aber vernünftig und praktisch. Früh schon macht er sich auf die Suche nach der „richtigen“ Partnerin, aber da er meistens von hohen Idealen ausgeht, werden seine Erwartungen nicht selten enttäuscht, so daß es einige Zeit dauern kann, bis er eine dauerhafte Bindung findet. Er ist weich, liebevoll, empfindsam und leicht verletzlich. Krebse sind in den meisten Fällen familien- und traditionsbewußt. Sie sind gute, treusorgende Väter, voller Geduld und Verständnis.

So ist die Krebs-Frau:

Sie strebt nach sicherer und geborgener Häuslichkeit und braucht einen Partner, der sich einerseits umsorgen läßt, andererseits aber fest auf den Beinen steht und eine starke Schulter zu bieten hat. Sie umsorgt ihre Lieben wie eine Glucke, läßt sich aber auch selbst gerne bemuttern und verwöhnen. Für die Menschen, die sie liebt, ist die Krebs-Frau zu jedem Opfer bereit. Krebse gehen in ihrer Mutterschaft auf. Haben sie keine Kinder, verwöhnen sie ihre Haustiere. Krebsfrauen zeichnen sich durch ihre rege Phantasie aus, sie sind immer ein bißchen traurig und immer ein bißchen verrückt.

Partnerschaft: Wie vertragen sich . . .
Krebs und Widder:
siehe Widder und Krebs
Krebs und Stier:
siehe Stier und Krebs
Krebs und Zwillinge:
siehe Zwillinge und Krebs
Krebs und Krebs:
Der Traum aller Krebse von häuslicher Geborgenheit wird in einer solchen Verbindung Wirklichkeit. Da sie auf gleicher Wellenlänge fühlen, ist die Gefahr geringer, daß sie sich gegenseitig wundscheuern, als dies mit Partnern eines anderen Zeichens der Fall sein könnte.
Krebs und Löwe:
Diese Verbindung kann für beide recht anstrengend sein: Die Geduld des Löwen wird durch die schwankenden Stimmungen des Krebses arg strapaziert, andererseits wird der Krebs es nicht immer fertigbringen, den Löwen so zu bewundern, wie dieser es verlangt. Trotzdem können beide sich gut ergänzen: Die Gemeinschaft mit dem selbstbewußten Löwen gibt dem eher schüchternen Krebs innere Sicherheit, und der nicht unbedingt sonderlich tiefgründige Löwe entwickelt häufig eine überraschende Feinfühligkeit.
Krebs und Jungfrau:
Die Jungfrau sorgt für materielle Absicherung, der Krebs für ein schönes Zuhause, so daß beide sich gewöhnlich recht gut verstehen. Zu Reibungen kann es jedoch kommen, wenn der Krebs an einen jener ewig kritisierenden und nörgelnden Partner gerät, die es unter dem Zeichen Jungfrau gibt, oder wenn andererseits die Jungfrau auf einen allzu gefühlsseligen, empfindlichen Krebs trifft.

Krebs und Waage:
Die charmante, umgängliche Waage zieht den Krebs an, und da beide erotisch meistens sehr gut harmonieren, kommt es hier oft rasch zu einer Bindung. Allerdings kann dann die Kontaktfreudigkeit der Waage im Krebs nagende Eifersucht wecken, während die Gefühlsschwankungen des Krebses den Waage-Partner irritieren können.
Krebs und Skorpion:
Krebs-Skorpion-Verbindungen gehören zu den dauerhaftesten, die es gibt – wegen ihrer lebendigen erotischen Spannung, aber auch, weil die Gefühlswelten beider gut harmonieren. Eine Gefahr ist allerdings die beiderseits leicht aufkeimende Eifersucht, die beim Skorpion noch schlimmer sein kann als beim Krebs.
Krebs und Schütze:
Der Schütze braucht die Selbstbestätigung durch viele Kontakte und Flirts, was die Eifersucht des Krebses wachruft. Trotzdem spricht diesen die offene, unverklemmte Art des Schützen an. Diesen wiederum reizt es oft, den Partner aus seiner Krebsschale hervorzulocken und ihm neue Horizonte zu eröffnen.
Krebs und Steinbock:
Dem Steinbock tut die menschliche Wärme, die der Krebs ihm entgegenbringt, gut, während der Krebs bei dem selbstsicheren, disziplinierten Steinbock den Halt zu finden hofft, der ihm fehlt. In einer engen Bindung allerdings können ihre Wesensgegensätze hart aufeinanderprallen, so daß Toleranz und Einfühlungsvermögen von beiden Seiten erforderlich ist, wenn die Beziehung erfolgreich sein soll.
Krebs und Wassermann:
Der freiheitsliebende Wassermann fühlt sich von dem besitzergreifenden Krebs leicht eingeengt. Diesen wiederum

stört die ewige Besserwisserei und Reformsucht des Partners. Die dem Krebs so wichtige gemütliche Häuslichkeit läßt den Wassermann weitgehend kalt. In einer engen Beziehung wirken sich ihre wesensmäßigen Gegensätze oft negativ aus.

Krebs und Fische:
Beide sind gefühlsbetont, haben eine stark entwickelte Phantasie, sind mitfühlend und eher weich. In einer Partnerschaft harmonieren sie auf Dauer gut miteinander. Eine gewisse Gefahr kann einerseits der Hang des Fisches zu übertriebenem Pessimismus, andererseits die Launenhaftigkeit des Krebses bringen. Aber da beide zu viel Verständnis fähig sind, wachsen sich solche Schwierigkeiten selten zu Krisen aus.

Der Krebs im Beruf:
Für große Sprünge sind Krebse nicht zu haben. Sie halten das Risiko klein und verstehen es ausgezeichnet, mit wenigen Mitteln auszukommen. Sie arbeiten nicht, um sich zu verwirklichen, sondern für ihre Sicherheit und für ihr Gehalt.

Andererseits läßt ihr Beschützerinstinkt sie häufig soziale Berufe ergreifen. Aber auch alle Berufe, die mit Wassersport, Seefahrt, überhaupt mit Wasser zu tun haben, liegen ihnen. Ihre Neigung zu Historie und Tradition führt die Krebse oft in Berufe, die mit Geschichte im weitesten Sinne zu tun haben – viele Krebse werden z. B. Antiquare und Antiquitätenhändler.

Auch im Beruf sind die Leistungen des Krebses nicht konstant, sondern Schwankungen unterworfen. Er ist nicht sonderlich dynamisch und zielstrebig, aber zäh. Viele seiner inneren Ängste verliert er durch Erfolg – der ihm dann

„nachläuft". Wichtig ist für den Krebs die gefühlsmäßige Bindung zum Beruf und eine gute Arbeitsatmosphäre.

Der Krebs und seine Gesundheit:
Krebse sind anfällig für Magenleiden, Verdauungsstörungen, Gemütsleiden, Hautkrankheiten, Wassersucht und Erkrankungen der Brustdrüsen. Sorgen und Befürchtungen können Krebs-Geborene krank machen, während Heiterkeit sie wieder gesund macht. Allgemein läßt sich sagen: Was ein Krebs sich einbildet, das fühlt er auch.

Prominente Krebse:

Peter Alexander	Käthe Kollwitz
Roald Amundsen	Gina Lollobrigida
Louis Armstrong	Raymond Pompidou
Ingmar Bergmann	Marcel Proust
Yul Brynner	Grigory Rasputin
Julius Cäsar	Erich Maria Remarque
Marc Chagall	Rembrandt
Jean Cocteau	Peter Paul Rubens
Heinrich VIII.	George Sand
Ernest Hemingway	Ferdinand Sauerbruch
Hermann Hesse	Soraya
Helen Keller	Ringo Starr
Gustav Knuth	Walter Ulbricht

Löwe

23. Juli bis 23. August ♌
Planetenherrscher: Sonne
Herrschendes Element: Feuer

Äußeres:
Löwen sind häufig athletisch gebaut, oft groß und von fülligem Körperbau und neigen im Alter zu Korpulenz. Der Kopf ist groß, das Gesicht etwas oval mit hoher, gewölbter Stirn. Sie tragen das Haar oft wie eine Mähne; Männer neigen später zur Glatzenbildung. Sie haben einen geraden und stolzen Gang und gleiten doch sanft dahin – wie eine Katze. Ihre Bewegungen und ihre Rede sind bedächtig. Mitunter verursachen sie „Theaterdonner“ durch lautes Gebrüll, wobei sie innerlich aber nicht allzusehr beteiligt sind.

Charaktereigenschaften:
Löwe-Menschen sind verstandesorientiert und extravertiert. Die Löwe-Tendenz ist unverkennbar: Sie entfalten Kraftfülle, Freiheitsdrang, Selbstsicherheit und streben nach Autorität, Anerkennung und Beachtung. Löwen versuchen schon frühzeitig, die persönlichen und materiellen Grenzen ihres Milieus zu sprengen. Sie sind gutherzig und auf keinen Fall kleinlich, sondern eher großzügig oder sogar verschwenderisch. Sie sind selbständig und unabhängig und deshalb imstande, andere zu führen. Sie lieben es, im Mittelpunkt zu stehen, und fühlen sich weniger zum Dienen als zum Herrschen geboren.

Die hervorstechenden Eigenschaften der Löwen sind: Kreativität, Organisationstalent, Begeisterungsfähigkeit, Fleiß, Selbstsicherheit, Offenheit, Zielstrebigkeit, Tatendrang, Optimismus. In Übersteigerung können daraus jedoch negative Eigenschaften werden wie Triebhaftigkeit, Herrschsucht, Verschwendungs- und Vergnügungssucht, Dünkel, Selbstüberschätzung bis zum Größenwahn, Rücksichtslosigkeit und krasser Egoismus.

Nicht selten sind Löwe-Menschen so sehr mit sich selbst beschäftigt, daß sie für die Interessen und Gefühle anderer nicht viel übrig haben. Dann können sie sich trotz aller Warmherzigkeit und Großzügigkeit unwillentlich Feinde schaffen, weil ihre Mitwelt diese Selbstbezogenheit vielleicht als verbohrten Egoismus deutet. Sie sollten deshalb versuchen, mehr auf ihre Mitmenschen einzugehen und ihre positiven Eigenschaften nicht nur im eigenen Interesse, sondern auch zum Nutzen ihrer Umwelt einzusetzen.

So ist der Löwe-Mann:
Der Löwe-Mann ist leidenschaftlich und großzügig und will lieber geben als nehmen. Er schenkt seiner Partnerin Sicherheit und Geborgenheit, erwartet dafür aber Anerkennung und Bewunderung. Er ist ritterlich und galant, zärtlich und beschützend, dabei aber eifersüchtig und mitunter von einem geradezu unsinnigen Stolz. Als Vater ist der Löwe gut und warmherzig, manchmal sogar zu duldsam.

So ist die Löwe-Frau:
Die Löwe-Frau hat meistens einen ausgezeichneten, aber etwas teuren Geschmack. Sie ist gesellschaftlich tonangebend, denn es ist ihre Natur, zu herrschen und Lebensstil, Sitten und Gebräuche zu diktieren. Gelegentlich ist sie arrogant und eitel, andererseits großzügig, gütig und voller Mitgefühl für Kinder, Hilflose und Verlassene. Sie ist intelligent, witzig, stark und tüchtig, dabei aber immer ausgeprägt

weiblich. Mit ein bißchen Schmeichelei kann man bei ihr – fast – alles erreichen.

Als Mutter überschüttet die Löwe-Frau ihre Kinder mit Liebe. Sie ist imstande, Mutterschaft und Beruf prächtig miteinander zu vereinen.

Partnerschaft: Wie vertragen sich . . .

Löwe und Widder:
siehe Widder und Löwe

Löwe und Stier:
siehe Stier und Löwe

Löwe und Zwillinge:
siehe Zwillinge und Löwe

Löwe und Krebs:
siehe Krebs und Löwe

Löwe und Löwe:
Beide stehen gern im Mittelpunkt und wollen herrschen, beide sind eifersüchtig und brauchen Bewunderung. Das kann sich in einer engen Partnerschaft problematisch auswirken. Andererseits haben sie aber auch Eigenschaften, die einem Zusammenleben förderlich sind: Sie lieben den gepflegten Rahmen, sorgen für materielle Absicherung, sind unbedingt loyal und können über Schwierigkeiten offen sprechen.

Löwe und Jungfrau:
Der Löwe verträgt nur schwer die Zurückhaltung der Jungfrau, und seine Großzügigkeit widerspricht ihrer Sparsamkeit. Der Jungfrau wiederum fällt es schwer, den Löwen unentwegt zu bewundern. Wenn sie sich jedoch mit ihrer kühlen Kritik zurückhält und der Löwe sich auf die verhaltenere Art des Partners einstellen kann, können auch solche Verbindungen von Dauer sein.

Löwe und Waage:
Die charmante Waage und der selbstsichere, großzügige Löwe finden schnell Kontakt. Aber die Entschlußschwäche der Waage kann den Löwen ebenso zur Verzweiflung bringen wie ihre Neigung, wegen vielfältiger anderweitiger Kontakte ihn zu vernachlässigen. Die auf Ausgleich und Verbindlichkeit bedachte Waage stören das manchmal rücksichtslose, egoistische Ungestüm des Löwen und seine Sucht, sich stets ins Rampenlicht zu stellen.
Löwe und Skorpion:
Diese beiden unterschiedlichen Charaktere besitzen ein ausgeprägtes Selbstbewußtsein, das ihnen Nachgeben unmöglich macht. Da beide lautstarken Auseinandersetzungen niemals aus dem Wege gehen, sind grollende Gewitter recht häufig. Das erklärt, warum dauerhafte Verbindungen zwischen Löwe und Skorpion nicht allzuoft vorkommen.
Löwe und Schütze:
Löwe-Schütze-Verbindungen sind in der Regel glücklich, denn beide stimmen in Gefühlen, Gedanken und Zielen weitgehend überein. Der Schütze sollte sich nur bemühen, durch sein vielseitiges Kontaktbedürfnis die Geduld des eifersüchtigen Löwen nicht zu sehr zu strapazieren oder ihn durch seine bedenkenlose Offenheit zu verletzen; der Löwe sollte berücksichtigen, daß ein allzu unumschränkter Autoritätsanspruch den Schützen stören könnte und dieser es außerdem müde werden könnte, ihn immer wieder bewundern und loben zu sollen.
Löwe und Steinbock:
Der zurückhaltende, grübelnde Steinbock und der extravertierte, herzliche, wenig tiefgründige Löwe haben nicht sehr viel gemeinsam. In einer engen Verbindung können sich daher vielerlei Probleme ergeben. Nur schwer unterwirft

sich der Steinbock dem Herrschaftsanspruch des Löwen! Den Löwen wiederum bringt die Verhaltenheit und „Knauserei" des Steinbocks in Harnisch. Es gehören viel guter Wille und Rücksichtnahme dazu, eine solche Verbindung dauerhaft zu gestalten.

Löwe und Wassermann:

Der Löwe ist im Grunde seines Herzens konservativ, der Wassermann progressiv. Der Löwe will herrschen, der Wassermann braucht viel Freiheit! Der Löwe ist konkret und auf seine Umwelt konzentriert, der Wassermann denkt abstrakt und ist weltweit interessiert. Beide müssen ein hohes Maß an Selbstüberwindung aufbringen, um die Partnerschaft nicht zu einem zermürbenden Tauziehen werden zu lassen. Aber da weder Löwe noch Wassermann dazu neigen, bei Schwierigkeiten leicht aufzugeben, hat eine solche Verbindung reelle Chancen.

Löwe und Fische:

Der gemütstiefe Fisch fühlt sich von dem warmherzigen, großzügigen Löwen stark angesprochen und ist gern bereit, ihm die Führung zu überlassen. Dem Löwen tun die Bewunderung und die Anschmiegsamkeit des Fisches wohl. Das erklärt, warum trotz vieler Gegensätze Löwe-Fische-Verbindungen recht dauerhaft und glücklich sind.

Der Löwe im Beruf:

Unterordnung liegt den Löwen nicht. Wenn möglich, streben sie eine gehobene Position an. Löwen sind die geborenen Chefs – mit natürlicher Autorität und einem großzügigen Wesen. Sie schätzen den Kleinkram nicht, sind dafür aber ausgezeichnete Organisatoren. In welcher Position ein Löwe sich auch befindet – ob als Chef, als Angestellter oder Selbständiger –: Er braucht Beifall und Verantwortung.

Ständiges Lob spornt den Löwen zu einer ungeheuren Aktivität an, die die Grenzen normaler Ausdauer weit überschreitet.

Als Unternehmer findet man Löwen eher in der zweiten Generation. Sie verstehen es zwar ausgezeichnet, Ererbtes zu bewahren und zu vermehren, aber als Pioniere, die sich mit einer Idee selbständig machen und in harter Arbeit zu Geld kommen, sieht man Löwen selten. Da Löwen festen Boden unter den Füßen lieben, fühlen sie sich auch in technischen Berufen sehr wohl.

Alle Löwen haben einen Hang zur Schauspielerei. Frauen wählen deshalb besonders häufig den Beruf des Mannequins als Traumberuf. Auch Trainer und Regisseur sind Berufe, für die Löwen bestens geeignet sind. Gute Voraussetzungen bringen Löwen auch für den Beruf des Designers mit. Sie haben Geschmack und das Talent, Schönheit und Funktionalität miteinander zu verbinden.

Der Löwe und seine Gesundheit:
Löwen sind anfällig für hohes Fieber, Unfälle und plötzliche heftige Krankheiten. Dagegen sind sie meistens immun gegen chronische, schleichende Übel. Sie erholen sich rasch – wobei die größte Gefahr darin liegt, daß sie sich zu wenig schonen und ihre Krankheit nicht richtig auskurieren.

Besonders anfällig sind Löwen für Herzkrankheiten, Rückenmarksleiden, Ohnmachten, Kreislauferkrankungen und Venenleiden.

Prominente Löwen:

Fidel Castro
Matthias Claudius
Henry Ford
Kaiser Franz Josef von Österreich
Kaiser Haile Selassie von Äthiopien
Knut Hamsun
Mata Hari
Alfred Hitchcock
Aldous Huxley
C. G. Jung
Jacqueline Kennedy
Alice und Ellen Kessler
Marianne Koch
Alfried Krupp
Nikolaus Lenau
Prinzessin Margaret Rose von England
Hans Moser
Benito Mussolini
Napoleon I.
Joachim Ringelnatz
Peter Rosegger
Adele Sandrock
Walter Scott
George Bernard Shaw

Jungfrau

24. August bis 23. September
Planetenherrscher: Merkur ♍
Herrschendes Element: Erde

Äußeres:
Jungfrau-Menschen sind meistens klein und muskulös und überwiegend schlank. Ihre Gestalt ist drahtig mit leicht hängenden Schultern. Das Gesicht ist oval mit einem kleinen Kinn und schönen, ruhigen Augen. Sie gehören zu den beweglichen, etwas nervösen Typen. Jungfrauen haben oft viel mehr Kraft, als ihre zerbrechliche Erscheinung vermuten läßt.

Charaktereigenschaften:
Jungfrauen sind verstandesorientierte, introvertierte Menschen. Das Herz spricht erst in zweiter Linie. Sie machen sich keine Illusionen – weder über das Leben noch über die Menschen. Sie sind nicht verschwenderisch mit Geld oder Liebe – auf beiden Gebieten sind sie vorsichtig und ohne Überschwenglichkeit.

Verschwendung ist eine der größten Sünden für sie, gleich darauf folgt Unpünktlichkeit. So bereitwillig sie anderen Hilfe leisten, so seltsam ist ihre fast neurotische Abneigung dagegen, selbst Hilfe anzunehmen. Jungfrauen sind durchaus in der Lage, „nein" zu sagen. Sie werden gern Zeit und Kraft für ihre Mitmenschen opfern, aber sie gehen nicht über die Zumutbarkeit hinaus.

Zu den herausragenden Eigenschaften der Jungfrau gehören klares Denken, Ordnungsliebe, Pflichtbewußtsein, Scharfblick, Methode, Zuverlässigkeit, Anpassungsfähigkeit, vorsichtige Zurückhaltung, Fleiß, kritisches Unterscheidungsvermögen.

In Übersteigerung können daraus jedoch negative Eigenschaften werden wie Gefühlskälte, Berechnung, Pedanterie, Nörgelsucht, Unentschlossenheit, Egoismus, Selbstquälerei und Tendenz zur Abkapselung. Hinzu kommt, daß ihre Stimmungslage starken Schwankungen unterworfen ist und sie nicht selten launenhaft und reizbar sind. Oft vermißt man bei der Jungfrau warme Herzlichkeit. Sie ist zwar hilfsbereit, aber man hat den Eindruck, als ob zwischen ihr und der Umwelt eine unsichtbare Wand stünde, die einen direkten Kontakt verhindert. Jungfrau-Menschen sollten versuchen, sich stärker ihrer Mitwelt und dem Leben zu öffnen. Sie sollten an sich und an andere nicht zu hohe Ansprüche stellen und sich nicht scheuen, Gefühle zu haben und zu zeigen. Das gilt besonders für Liebe und Ehe, wo der Partner oft darunter leidet, daß der Jungfrau-Geborene unfähig ist, aus sich herauszugehen und sich dem anderen ganz hinzugeben.

So ist der Jungfrau-Mann:
Er sucht die anständige, ehrliche, echte Beziehung. Dabei denkt er praktisch, materiell und ganz und gar unromantisch. Er neigt nicht zu dramatischen Gefühlen und überschwenglicher Zuneigung, dafür ist er aber zu selbstloser Hingabe an seine Familie fähig. Mit seinem angeborenen Hang zum Perfektionismus hängt er leicht an Idealvorstellungen, die mit den realen Möglichkeiten wenig zu tun haben. Das mag ein Grund dafür sein, daß es unter dem Zeichen Jungfrau überdurchschnittlich viele Junggesellen gibt. Als Väter sind Jungfrau-Männer sehr gewissenhaft und verlangen die notwendige Disziplin von ihren Kindern.

So ist die Jungfrau-Frau:
Sie wird sich nur behutsam hingeben und nur einem Mann, dem sie vertraut. Sie übernimmt nicht nur klaglos ihren Anteil an den Sorgen – sie hat auch noch Freude daran. Jungfrauen sind ewige Perfektionistinnen, und Kritik ist ihre zweite Natur, was leider oft zu ihrer berüchtigten Nörgelsucht führt.

Als Mutter hält sie strenge Disziplin, ist dabei aber gütig und lustig.

Partnerschaft: Wie vertragen sich ...
Jungfrau und Widder:
siehe Widder und Jungfrau
Jungfrau und Stier:
siehe Stier und Jungfrau
Jungfrau und Zwillinge:
siehe Zwillinge und Jungfrau
Jungfrau und Krebs:
siehe Krebs und Jungfrau
Jungfrau und Löwe:
siehe Löwe und Jungfrau
Jungfrau und Waage:
Beide können sich – gerade wegen ihrer Unterschiedlichkeit – gut ergänzen. Zeigt sich aber die Jungfrau allzu spröde und zurückhaltend – zumal auf erotischem Gebiet –, wird sich die kontaktfreudige Waage bald ohne große Szenen anderswo suchen, was ihr versagt wird. Kann sich andererseits der Waage-Partner nicht zu einer gewissen Ordnung und Pünktlichkeit zwingen, bricht bald die Kritiklust der Jungfrau durch. Daran kann eine solche Verbindung leicht scheitern.
Jungfrau und Skorpion:
Auf geistiger Ebene verstehen sich beide auf Anhieb. Häu-

fig ist auch der Jungfrau-Partner von der erotischen Anziehungskraft des Skorpions fasziniert. Damit ist aber kein dauerhaftes Glück gewährleistet. Die Nüchternheit der Jungfrau kann dem Skorpion in Krisenzeiten genauso auf die Nerven gehen wie der Jungfrau die Gefahr, daß der Partner durch grundlose Eifersucht beiden das Leben zur Hölle macht oder sich abkapselt. Soll die Verbindung von Dauer sein, müssen beide Partner sehr viel Verständnis und Geduld aufbringen.

Jungfrau und Schütze:

Verbindungen zwischen diesen so grundverschiedenen Sternzeichen sind problematisch und deshalb auch ziemlich selten. Zwar könnte in einer solchen Beziehung der Schütze an Stabilität und innerer und äußerer Ordnung und die Jungfrau an Schwung und Weltoffenheit gewinnen. Aber es kann dennoch immer wieder Schwierigkeiten und Krisen geben, weil sich die Unterschiede im Wesen und in den Lebensrhythmen nur schwer überbrücken lassen.

Jungfrau und Steinbock:

Beide sind praktisch eingestellte, verstandesorientierte Realisten, die logisch denken, gründlich planen und methodisch vorgehen können. Wenn sie gemeinsam materielle Ziele anstreben, ist ihnen der Erfolg so gut wie sicher. Es ist beinahe die Regel, daß sie darüber hinaus auch ihre beruflichen Interessen und sogar ihre Hobbys teilen. Das sichert eine dauerhafte Verbindung.

Jungfrau und Wassermann:

Der Wassermann ist häufig ein Idealist, der im praktischen Alltagsleben weder sonderlich pünktlich noch zuverlässig ist. Die Jungfrau hat dafür kein Verständnis. Sie ist der Wirklichkeit verhaftet und legt Wert auf berechenbare Sicherheit. Auf beruflicher Ebene können sich Jungfrau und

Wassermann gut ergänzen, aber in einer engen Verbindung prallen die Gegensätze hart aufeinander.

Jungfrau und Fische:

Beide sind in vieler Hinsicht vollkommene Gegensätze. Aber bekanntlich ziehen Gegensätze sich an, und so sind Jungfrau-Fisch-Verbindungen, die ebenso dauerhaft wie glücklich sind, keine Seltenheit. Die aufrichtigen Gefühle des Fische-Partners wärmen das Herz der verhaltenen Jungfrau, die ihrerseits dem oft ziellosen Fisch Halt gibt.

Die Jungfrau im Beruf:

Die Jungfrau kann ausdauernd und intensiv arbeiten und ist sehr praktisch eingestellt. Der Hang zum Perfektionismus ist ihr angeboren. Impulsivität und Spontaneität sind ihr meistens fremd, dafür zeichnet sie sich durch Ordnungsliebe, systematische Arbeit und Zuverlässigkeit aus.

Ideal ist für sie die Verbindung von Geist und Kommerz. Deshalb bringt sie für den Beruf des Verlegers ideale Voraussetzungen mit. Lektor ist ein weiterer Eignungsberuf für alle Jungfrau-Geborenen. Ihre analytischen Fähigkeiten und ihre Geduld machen die Jungfrau auch geeignet für die Informatik. In der Welt der Begriffe und Zahlen findet sie sich ausgezeichnet zurecht. Deshalb zählen Jungfrauen auch zu den hervorragenden Verwaltungs-Fachleuten. Bei Geldgeschäften ist es vor allem das Kreditwesen, wozu die Jungfrau Talent hat. Nichts ist in diesem Bereich wichtiger als Vorsicht – und davon hat die Jungfrau viel.

Im Beruf sucht die Jungfrau vor allem finanzielle Sicherheit. Sie ist sich ihres Wertes bewußt und haßt Kritik an der eigenen Person – während sie selbst jedoch zur Kritik neigt. Führende Positionen liegen den Jungfrauen nicht. Sie zeichnen sich lediglich als Leiter kleiner Firmen aus oder als

Leiter wissenschaftlich-experimenteller Gruppen, bei denen es um exakte Forschung geht.

Die Jungfrau und ihre Gesundheit:
Jungfrauen sind überraschend gesund. Sie achten sehr auf Gesundheit und Diät. Es gibt viele Vegetarier unter ihnen. Anfällig sind die Jungfrau-Geborenen hauptsächlich für Magenverstimmungen, Verdauungsbeschwerden, Kopfschmerzen, Lungenkrankheiten und Komplikationen mit den Füßen.

Prominente Jungfrauen:

Hans Albers	Hubert von Meyerink
Lauren Bacall	Eduard Mörike
König Baudouin von Belgien	Rudolf August Oetker
Franz Beckenbauer	John Priestley
Ingrid Bergmann	Wilhelm Raabe
Leonard Bernstein	Kardinal Richelieu
Willi Birgel	Romy Schneider
Greta Garbo	Peter Sellers
J. W. von Goethe	Theodor Storm
Lyndon B. Johnson	Franz-Josef Strauß
Elia Kazan	Leo Tolstoi
D. H. Lawrence	Vico Torriani
Sophia Lauren	Wallenstein
Maurice Maeterlinck	Franz Werfel

Waage

24. September bis 23. Oktober
Planetenherrscher: Venus ♎
Herrschendes Element: Luft

Äußeres:
Es gibt wenig typische Merkmale – bis auf die Grübchen, die fast jeder Waage-Geborene aufweist. Die Gestalt ist meistens gut geformt und hat mehr Kurven als Ecken, obwohl Waage-Menschen nicht unbedingt dick sind. Auffallend ist das helle sonnige Lachen, dessen Fröhlichkeit ansteckend ist. Man wird auch kaum einen Waage-Menschen finden, der nicht wie ein Engel lächeln kann. Die Gesichtszüge sind regelmäßig und haben einen ausgesprochen freundlichen Ausdruck. Die Haut ist zart und empfindlich, das Haar weich.

Charaktereigenschaften:
Die Waage gehört zu den gefühlsorientierten, extravertierten Menschentypen. Unter diesem Zeichen gedeihen viele Lebenskünstler mit ihrem Motto „Leben und leben lassen!“ Sie lieben Harmonie und alles, was gut, sauber und schön ist. Übertreibung, Anfälle von Wut oder Leidenschaft stoßen sie ab (obwohl sie selbst dazu neigen).

Waage-Menschen tragen einen Widerspruch in sich, der sie selbst genauso vor ein Rätsel stellt wie die anderen. Sie neigen dazu, von einem Extrem ins andere zu fallen, und eines ihrer kritischsten Wesensmerkmale ist ihre Unentschiedenheit.

Die hervorstechendsten Eigenschaften der Waage sind Charme, Natürlichkeit, Liebenswürdigkeit, Anpassungsfähigkeit, Diplomatie, Streben nach Ausgleich, Feinsinnigkeit, Idealismus, Hilfsbereitschaft und Gerechtigkeitssinn. In der Regel sind Waage-Typen wegen ihres charmanten und gewinnenden Wesens bei ihren Mitmenschen sehr beliebt. Allerdings geraten sie oft in Schwierigkeiten, wenn sie Entscheidungen treffen oder Entschlüsse fassen sollen, was eine Folge ihres ab-„wägenden" Verhaltens ist. Aus ihren positiven Wesensmerkmalen können in Übersteigerung negative Eigenschaften werden wie Leichtlebigkeit, Leichtsinn, Bequemlichkeit, Eitelkeit, Beeinflußbarkeit, Oberflächlichkeit, Passivität, Entschlußlosigkeit, Gleichgültigkeit.

So ist der Waage-Mann:

Da er nicht gerade entschlußfreudig ist, kann es geraume Zeit dauern, ehe er eine feste Bindung eingeht. Hat er sich aber einmal gebunden, so ist er ein guter Partner – voller Einfühlungsvermögen, Hilfsbereitschaft und Fairness. Er ist ein glänzender Liebhaber, kann sich aber nicht in die Stimmungen und Gefühle seiner Partnerin versetzen. Er liebt Anregung und Abwechslung, Langeweile ist ihm verhaßt – auch in einer Partnerschaft.

Als Vater ist er gerecht und sorgt mit ruhiger Autorität für Disziplin. Immer aber wird die Partnerin die erste Rolle vor den Kindern spielen.

So ist die Waage-Frau:

Waage-Frauen fällt es schwer, alleine zu arbeiten, und sie sind geradezu unfähig, alleine zu leben. Sie sind gefühl- und liebevoll und gleichzeitig zäh und weich. Sie reden gern, können aber auch gut zuhören. Als Mütter sind sie liebevoll und energisch – aber auch bei ihnen kommen die Kinder erst an zweiter Stelle nach dem Partner.

Partnerschaft: Wie vertragen sich ...

Waage und Widder:
siehe Widder und Waage

Waage und Stier:
siehe Stier und Waage

Waage und Zwillinge:
siehe Zwillinge und Waage

Waage und Krebs:
siehe Krebs und Waage

Waage und Löwe:
siehe Löwe und Waage

Waage und Jungfrau:
siehe Jungfrau und Waage

Waage und Waage:
Da sie in Denken, Fühlen und Verhalten weitgehend übereinstimmen, harmonieren sie im Alltag und in der Ehe. Allerdings können Flirts die Bindung lockern. Und es kann Schwierigkeiten geben, wenn beide einen hohen Lebensstandard anstreben, aber dessen Finanzierung nicht gesichert ist, weil ihnen oft die nötigen Ellenbogen fehlen und ihnen anstrengende, ausdauernde Arbeit wenig liegt.

Waage und Skorpion:
Der selbstsichere, lebensvolle Skorpion und die charmante, verständnisvolle Waage ziehen sich gegenseitig an. In einer engen Bindung treten jedoch oft starke Gegensätzlichkeiten zutage: Der nicht selten starrköpfige Skorpion hält das abwägende Gerechtigkeitsstreben des Partners für Unentschlossenheit und sein Kontaktbedürfnis für Flatterhaftigkeit. Die Waage dagegen leidet unter der Eifersucht des Skorpions und dessen Drang, den Partner zu beherrschen. Andererseits geben die Zuverlässigkeit und die starken Gefühle des Skorpions der Waage Halt und Sicherheit. Die

liebevolle Wärme der Waage hilft dem Skorpion zu innerer Auflockerung und größerer Aufgeschlossenheit.

Waage und Schütze:

Zwei extravertierte, gesellige Menschen, die jederzeit gern zu einem Flirt bereit sind, finden sich meistens rasch zusammen. Häufig zögern sie lange, ehe sie sich entschließen, eine feste Bindung einzugehen. Dann aber wird es mit großer Wahrscheinlichkeit eine außergewöhnlich lebendige und abwechslungsreiche Ehe sein, die beide jung erhält.

Waage und Steinbock:

Obwohl beide auch Gemeinsamkeiten haben – beide sind in der Regel intelligent, geduldig und gut gelaunt – sind sie doch in vieler Hinsicht Gegensätze: Der Steinbock ist sachlich, nüchtern, strebsam, oft arbeitswütig, auf materiellen Erfolg und Absicherung bedacht. Die Waage dagegen ist verbindlich, umgänglich, nicht unbedingt fleißig, wenig zielstrebig und improvisiert gern. Eine dauerhafte Verbindung setzt auf beiden Seiten viel guten Willen, Verständnis und Kompromißbereitschaft voraus.

Waage und Wassermann:

Die umgängliche, phantasievolle Waage und der lebhafte, erfinderische Wassermann kommen meist auf Anhieb gut miteinander aus. Stören können den Waage-Partner die mangelnde Anpassungsfähigkeit und zeitweise Verschlossenheit des Wassermanns, diesen wiederum kann die Labilität der Waage irritieren. Der diplomatischen Waage wird es jedoch in den meisten Fällen gelingen, eventuell auftauchende Wolken schnell wieder zu verscheuchen.

Waage und Fische:

Die extravertierte Waage braucht viele Kontakte und Anregungen, der introvertierte Fisch schließt sich gerne ab, und wenn er auch nicht unbedingt besitzergreifend ist, so möchte er doch, daß sich sein Partner auf ihn konzentriert. Soll eine solche Beziehung dauerhaft sein, müssen beide bereit sein, Kompromisse zu schließen und von ihren Vorstellungen vom „Idealpartner“ Abstriche zu machen.

Die Waage im Beruf:
Durchsetzungsvermögen und Entschlußfreudigkeit gehen der Waage ab, und sie ist auch keine geborene Führernatur. Was ihr außerdem wenig liegt, sind mit Schmutz und großen körperlichen Anstrengungen verbundene Arbeiten.

Stark ausgeprägt ist ihr Gerechtigkeitssinn und ihre Fähigkeit, bei Streitigkeiten zu vermitteln. So treten Waage-Menschen nicht nur als Friedensstifter bei Büro-Streitigkeiten auf, sondern bevorzugen auch juristische Berufe.

Ihre schon sprichwörtliche Liebe zur Harmonie und zum Ausgleich und die Tatsache, daß sie geborene Ästheten sind, erklärt auch ihre Neigung zu Berufen wie Tänzer, Tanzlehrer, Choreograph usw. Auch als Diplomaten sind Waagen besonders geeignet. Ihre sicheren Umgangsformen, ihr Interesse an fremden Kulturen sind ihnen dabei von Vorteil.

Die Waage und ihre Gesundheit:
Die größte Gefahr besteht für sie in Schwelgereien aller Art. Dann neigen Waagen leicht zu Fettleibigkeit, Magenbeschwerden und fleckiger Haut. Der übertriebene Genuß von Alkohol kann ernsthafte Nieren- und Blasenbeschwerden verursachen. Darüber hinaus sind Waage-Menschen anfällig für Hautkrankheiten, Allergien und Neuralgien.

Prominente Waagen:

Julie Andrews
Brigitte Bardot
David Ben-Gurion
Sarah Bernhardt
Charles Boyer
Georg Büchner
Truman Capote
Lil Dagover
Eleonora Duse
Dwight Eisenhower
T. S. Eliott
William Faulkner
Mahatma Gandhi
Heinrich George
George Gershwin
Graham Greene
Rita Hayworth
Margot Hielscher
Udo Jürgens
Heinrich von Kleist
Freiherr von Knigge
John Lennon
Franz Liszt
Heinrich Lübke
Friedrich Nietzsche
Eugene O'Neill
Liselotte Pulver
Max Schmeling
Hans Thoma
Luis Trenker
Oscar Wilde
Thomas Wolfe

Skorpion

24. Oktober bis 22. November
Planetenherrscher: Mars
Herrschendes Element: Wasser

♋

Äußeres:
Skorpione haben meistens einen kräftigen Körperbau. Dabei ist der Oberkörper mit dem Rumpf stärker ausgeprägt als die Beine. Die Gesichtszüge sind bemerkenswert grob oder scharf und deutlich ausgeprägt. Sehr auffällig ist die Nase – oft ist es eine Hakennase. Die Gesichtsfarbe ist blaß. Typisch ist der eindringliche, starre, oft stechende Blick. Die Augen eines Skorpions durchdringen einen gnadenlos, als wollten sie einem die Seele bloßlegen. Das tun sie übrigens meistens auch.

Charaktereigenschaften:
Skorpion-Geborene gehören zu den verstandesorientierten, extravertierten Menschen. Sie haben ein ausgeprägtes Selbstbewußtsein und sind von einer geradezu faszinierenden Vitalität. Ein Skorpion weiß genau, was er will – und er kann fast alles, wenn er will. Es ist nie zu spät für ihn, neu zu beginnen oder über sich selbst hinauszuwachsen. Er bietet tapfer allen Schwierigkeiten die Stirn, zeigt dabei eine stolze Verachtung und restloses Vertrauen in seine innere Fähigkeit, jeden Schicksalsschlag zu ertragen. Mit der ihm eigenen, geheimnisvollen Kraft verwirklicht er seine Träume nach einem kühlen, sorgfältigen, strengen Plan.

Skorpione sind leidenschaftlich – nicht nur auf erotischem Gebiet, sondern in jeder Hinsicht. Sie verabscheuen es, Dinge nur halb oder halbherzig zu tun, und stellen hohe

Ansprüche an sich und ihre Mitmenschen. Oft sind sie von hinreißender Liebenswürdigkeit und haben viel Mitgefühl mit Kranken und Verzweifelten. Sie sind äußerst treue Freunde. Und sie vergessen nicht – weder Freundlichkeiten noch Ungerechtigkeiten. Die herausragenden Charaktereigenschaften des Skorpions sind Gefühlsstärke, Phantasie, Scharfsinn, Ehrgeiz, Mut, Energie, Ausdauer, Entschlossenheit, Tiefgründigkeit. In Übersteigerung können daraus allerdings negative Eigenschaften werden wie Zügellosigkeit, Verschlossenheit, Kritiksucht, unbedachtes Draufgängertum, Ungeduld, Eifersucht, Sturheit und Heimtücke.

Im Zeichen Skorpion sind alle Gegensätze vereint, selten schließen Skorpione Kompromisse. Sich selbst und ihrer Mitwelt zuliebe sollten sie versuchen, unbeherrschte Leidenschaften zu zügeln und vor allem ihre Eifersucht zu bekämpfen.

So ist der Skorpion-Mann:
Er ist kein bequemer, anpassungswilliger, lenksamer Partner – im Gegenteil: Er kann sehr anstrengend sein. Er ist ein Mensch der Extreme, der nur schwer durchschaubar ist. In der Liebe wie auf allen anderen Gebieten gibt es für ihn keine Halbheiten, sondern nur das „alles oder nichts". Wer eine Bindung mit einem Skorpion-Mann eingeht, muß sich darauf einrichten, ganz in Besitz genommen zu werden. Skorpione sind extrem eifersüchtig und können manchmal aus unerfindlichen, nur ihnen selbst bekannten Gründen grausam sein. Aber sie haben auch viele gute Seiten: Sie sind grundanständig, mitfühlend, hilfsbereit, opferwillig und bedingungslos treu. Ihre erotische Faszination, unerschütterliche Stabilität und aufrichtige Loyalität wiegen viele schwierige Seiten voll auf.

Der Skorpion ist ein strenger Vater, der weder Faulheit noch Leichtsinn duldet, der aber seine Kinder lehrt, sich selbst zu achten. Er liebt seine Kinder leidenschaftlich, läßt aber nicht mit sich spaßen und erwartet Selbständigkeit.

So ist die Skorpion-Frau:
Sie ist anziehend, stolz und selbstsicher und verbirgt ihre innere Leidenschaft unter kühler Beherrschung. Sie liebt Geld, Prestige und Macht, neigt zur Ordnung und legt Wert auf eine schöne Umgebung. Sie läßt sich nicht täuschen und ist oft auch ohne Anlaß mißtrauisch. Auf Männer hat sie eine starke Anziehungskraft. Sie ist besitzergreifend und eifersüchtig und ausgesprochen erotisch.

Als Mutter gibt sie ihren Kindern Sicherheit, spornt sie an und unterstützt sie. Und sie ist imstande, jeden zu vernichten, der dem Glück ihrer Kinder im Wege steht.

Partnerschaft: Wie vertragen sich . . .
Skorpion und Widder:
siehe Widder und Skorpion
Skorpion und Stier:
siehe Stier und Skorpion
Skorpion und Zwillinge:
siehe Zwillinge und Skorpion
Skorpion und Krebs:
siehe Krebs und Skorpion
Skorpion und Löwe:
siehe Löwe und Skorpion
Skorpion und Jungfrau:
siehe Jungfrau und Skorpion
Skorpion und Waage:
siehe Waage und Skorpion

Skorpion und Skorpion:
Wenn sich zwei noch unreife Partner dieses Zeichens zusammenfinden, die streitsüchtig und intolerant auf ihren Rechten beharren und ungeduldig jeden Fehler des anderen kritisieren, dann kann eine solche Beziehung zu einer zermürbenden Schlacht werden. Reife Partner dagegen können ein Zusammengehörigkeitsgefühl entwickeln, das unter anderen Zeichen selten ist.
Skorpion und Schütze:
Zwar fühlt sich der kontakt- und lebensfreudige Schütze von dem meist interessanten Skorpion mit seiner starken erotischen Ausstrahlung angezogen, aber in einer engen Verbindung geht ihm der Ausschließlichkeitsanspruch des Partners bald auf die Nerven. Da beide nicht eben schweigsam sind, kann es leicht zu unschönen Szenen kommen, wobei eine Versöhnung schwierig ist.
Skorpion und Steinbock:
Beide haben viel gemeinsam: den zielstrebigen Ehrgeiz, das Durchhaltevermögen, die Unnachgiebigkeit, die Tendenz zur Absicherung. Andererseits sind beide recht komplizierte Charaktere, die sich nur ungern in die Tiefe ihres Herzens sehen lassen. Dadurch kann eine Verbindung für beide ziemlich anstrengend sein.
Skorpion und Wassermann:
Der Skorpion will Besitz ergreifen – in erster Linie vom Partner. Der Wassermann dagegen ist geradezu fanatisch auf seine Freiheit bedacht. In einer Partnerschaft kann der Wassermann durch den Skorpion mehr Realitätsbezogenheit, Ordnung und Stabilität erlangen, während der Skorpion durch den Partner seinen Horizont auf vielen Gebieten erweitern kann. Von Dauer ist eine solche Beziehung aber nur, wenn beide zu Kompromissen bereit und fähig sind.

Skorpion und Fische:
Beide sind eher gefühls- als verstandesbetont, beide sehnen sich nach inniger Gemeinschaft. Der arbeitsame und zielbewußte Skorpion vermag dem Partner die Geborgenheit und Sicherheit zu geben, die er braucht. Den Skorpion dagegen wärmt die Gefühlstiefe des Fisches. Beide fühlen sich seelenverwandt – oft finden sie spontan zueinander. Ihre Verbindung ist meistens von Dauer.

Der Skorpion im Beruf:
Er entfaltet eine Willenskraft, die sich auch im Beruf nicht mit Halbem begnügt. Er ist ein Meister der wohldurchdachten Planung und der methodischen Organisation. Sein Ehrgeiz ist ebenso groß wie seine Hartnäckigkeit und Ausdauer. Er ist scharfsichtig, faßt rasch auf und erkennt oft intuitiv Problemlösungen. Der Skorpion braucht Aufgaben, die ihn wirklich interessieren, öde Routinearbeit liegt ihm nicht. Je mehr Probleme eine Aufgabe aufwirft, desto mehr fasziniert sie ihn.

Skorpione sind hervorragend geeignet als Kriminologen und in Polizeiberufen aller Art, weil ihnen keine dunkle Seite des menschlichen Wesens fremd ist und sie ausgezeichnet kombinieren können. Militärberufe kommen ebenfalls überdurchschnittlich häufig vor. Beinahe charismatisch ist ihre Ausstrahlung als Politiker. Aber auch für Krankenhaus- und Heilberufe sind sie wegen ihrer Einfühlsamkeit gut geeignet.

Als Vorgesetzte haben sie die Fähigkeit, sehr zuverlässige Menschen in ihren Bann zu ziehen. Obwohl sie zu Mißtrauen und Rachsucht neigen, haben sie eine bewundernswerte Selbstbeherrschung und sind imstande, die Stimmungen ihrer Mitarbeiter zu spüren und sich darauf einzustellen.

Der Skorpion und seine Gesundheit:
Skorpione sind selten krank – aber wenn sie es sind, ist es meistens ernst. Besonders anfällig sind sie für Unterleibserkrankungen, Hämorrhoiden, Leistenbrüche, Hals-, Nasen- und Schilddrüsenerkrankungen. Auch Krampfadern und Sportunfälle kommen häufig vor.

Prominente Skorpione:
Marie Antoinette
Friedemann Bach
Carl Baedeker
Georges Bizet
Dieter Borsche
Richard Burton
Thomas Cook
Marie Curie
Georges Danton
Alain Delon
Fjodor Dostojewski
George Eliot
Indira Gandhi
Charles de Gaulle
André Gide
Joseph Goebbels
Curt Goetz
Billy Graham
Gerhart Hauptmann
Katherine Hepburn
Paul Hindemith
Barbara Hutton
Emmerich Kálmán
Grace Kelly
Robert Kennedy
Selma Lagerlöf
Vivien Leigh
Paul Lincke
Martin Luther
Margaret Mead
Jawaharlal Nehru
Alfred Nobel
Niccolo Paganini
Reza Pahlevi
Paracelsus
Pablo Picasso
Auguste Rodin
Hans Sachs
Friedrich Schiller
Tschiang Kai-schek
Mary Wigman

Schütze

23. November bis 21. Dezember
Planetenherrscher: Jupiter
Herrschendes Element: Feuer

Äußeres:
Schützen sind in der Regel große, schlanke Menschen. Sie sind körperlich beweglich, sportfreudig und wirken bis ins Alter jugendlich. Ihr ziemlich großer, gutgeformter Schädel hat eine hohe breite Stirn. Die Gesichtszüge sind offen und freundlich, die Augen glänzend, wachsam und humorvoll. Auffällig ist die Ruhelosigkeit eines Schützen und seine Unfähigkeit stillzusitzen.

Charaktereigenschaften:
Schützen gehören zu den extravertierten, verstandesbetonten Menschen. Sie sind darauf bedacht, ihren Horizont in jeder Hinsicht zu erweitern. Sie reisen gern, aber ebensoviel liegt ihnen an immer neuen Kontakten zu anderen Menschen, und auch auf intellektueller Ebene ist ihre Neugier stets wach. Viel liegt ihnen an Ruhe und Behaglichkeit, aber noch mehr an Freiheit und Unabhängigkeit.

Schützen sind witzig, intelligent und ehrlich. Ihre Offenheit ist legendär. Zwar wollen sie niemanden verletzen, tun es aber doch immer wieder. Sie sind naiv, tapfer und optimistisch, und man findet immer etwas Kindliches an ihnen.

Menschen unter diesem Sternbild sind Weltbürger mit steter Sehnsucht nach der Ferne, in keine Schablone und kein bürgerliches Schema zu pressen. Ihr Drang nach oben führt in Ränge, wo man beachtet und gesehen werden möchte. Sie sind äußerst gesprächig und reden gerne – über sich.

Ihre herausragenden Eigenschaften sind Großmut, Vielseitigkeit, Anpassungsfähigkeit, Aufgeschlossenheit, Urteilsfähigkeit, Zuverlässigkeit. In Übersteigerung können daraus jedoch negative Eigenschaften werden wie Großspurigkeit, Verschwendungssucht, Ziellosigkeit, Leichtsinn, Labilität, Taktlosigkeit, Verantwortungslosigkeit und Heuchelei.

Schützen sollten sich darum bemühen, nicht die in ihnen angelegte Spielernatur durchbrechen zu lassen. Nur allzu leicht verlieren sie dann das Maß, lassen sich auf Wagnisse ein, die ihnen zum Schaden gereichen. Bei allem Unabhängigkeitsstreben sollten sie daran denken, daß sie in ein soziales Ordnungsgefüge hineingeboren wurden, das jedem gewisse Beschränkungen auferlegt. Ohne Rücksichtnahme und Konzessionen ist ein einigermaßen reibungsfreies Zusammenleben nicht möglich. Das bedeutet noch keinen Verzicht auf den zur Persönlichkeitsentwicklung notwendigen Freiraum!

So ist der Schütze-Mann:
Schon frühzeitig beginnt er, das Reich der Liebe zu erkunden. Besonders in jüngeren Jahren fällt es ihm schwer, sich auf einen einzigen Partner zu konzentrieren. Er ist wunderbar warmherzig in seinen Liebesbeziehungen, wird jedoch kopfscheu, wenn die Ehe erwähnt wird. Wenn er sich einmal bindet, kann man sicher sein, daß es keine langweilige Ehe wird. Er verabscheut allerdings passive Frauen, die sich wie eine Klette an ihn hängen. Der Partnerin gegenüber ist er großzügig und tolerant. Meinungsverschiedenheiten wird er nie mit unfairen Mitteln austragen, denn er ist geradlinig und offen (bis zur Taktlosigkeit) und hält weder mit Lob noch mit Kritik zurück. Seine Kinder sehen in ihm mehr

den Kameraden als den Vater. Säuglinge und Kleinkinder verwirren ihn oft. Er hat mehr Freude an Kindern, wenn sie etwas älter sind.

So ist die Schütze-Frau:

Sie ist eine überzeugte Optimistin. Wenn es um Familienbeziehungen geht, ist sie unabhängig und zurückhaltend. Sie läßt sich gern beschützen, will aber nicht herumkommandiert werden. Ihr Verstand ist aufgeweckt und gescheit und kann im Notfall für sich selber sorgen. Aber ihr Herz ist hilflos und verletzlich. Sie liebt gutes Essen und schöne Kleider, hat aber keine großen Hausfrauentalente.

Ihre Kinder werden gute Manieren haben – ansonsten ist sie in der Disziplin oft zu nachlässig.

Partnerschaft: Wie vertragen sich . . .

Schütze und Widder:
siehe Widder und Schütze
Schütze und Stier:
siehe Stier und Schütze
Schütze und Zwillinge:
siehe Zwillinge und Schütze
Schütze und Krebs:
siehe Krebs und Schütze
Schütze und Löwe:
siehe Löwe und Schütze
Schütze und Jungfrau:
siehe Jungfrau und Schütze
Schütze und Waage:
siehe Waage und Schütze
Schütze und Skorpion:
siehe Skorpion und Schütze

Schütze und Schütze:
In der Regel kommen zwei Schützen sehr gut miteinander aus. Sie denken und fühlen auf der gleichen Wellenlänge und haben viele gemeinsame Interessen. Nicht immer fällt es ihnen leicht, die sichere materielle Basis für ihre Verbindung zu schaffen. Reibereien können sich aus dem starken Unabhängigkeitswillen beider Partner ergeben. Erfahrungen sollten nach Möglichkeit gemeinsam gesammelt werden, damit sich die Partner nicht im Laufe der Zeit auseinanderleben.
Schütze und Steinbock:
Beide können viel voneinander profitieren, obwohl sie wesensmäßig sehr verschieden sind. In der Regel jedoch entwickeln sich Schütze-Steinbock-Verbindungen nur langsam, weil zu viel Trennendes abgebaut werden muß. Der Schütze muß eine gewisse Ordnung und Sparsamkeit erlernen, der Steinbock etwas von seiner inneren Distanz zur Umwelt aufgeben. Dann kann der zurückhaltende Steinbock den impulsiven Schützen vor voreiligen Handlungen bewahren, während andererseits der optimistische Schütze dem oft grübelnden Steinbock immer wieder Aufmunterung und Ermutigung geben kann.
Schütze und Wassermann:
Beide verstehen sich meistens auf Anhieb ausgezeichnet. In einer engen Verbindung kann es freilich geschehen, daß der Betrieb und Wirbel, den ein Schütze zu machen versteht, den Wassermann auf die Dauer irritiert. Den Schützen wiederum stört vielleicht das Interesse des Partners für Weltverbesserung, das ihn oft davon abhält, sich auf seine nächste Umgebung – und den Partner! – zu konzentrieren. In der Liebe ist der Schütze leidenschaftlich, der Wassermann kühl – auch das kann zu Dissonanzen führen.

Schütze und Fische:
Den gemütstiefen, aber eher kühlen Fisch stößt möglicherweise die direkte Leidenschaftlichkeit des Partners ab. Diesen wieder stören die Stimmungsschwankungen, die Ziellosigkeit und Unsicherheit des Fisches. Die Rastlosigkeit des Schützen geht dem ruhigen Fisch auf die Nerven, doch ist es auch möglich, daß er sich vom Schwung des Partners anstekken läßt. Auf jeden Fall trägt die Anpassungsfähigkeit des Fisches dazu bei, Reibungen zu vermeiden und so der Verbindung Dauer zu verleihen.

Der Schütze im Beruf:
Schützen sind vielseitig interessiert und beschäftigen sich häufig mit mehreren Dingen gleichzeitig. Manchmal üben sie sogar zwei Berufe nebeneinander aus. Eine Spezialisierung liegt ihnen nicht – je vielseitiger die Aufgaben sind, desto besser.

Ihre philosophische Ader bringt Schützen oft zum Schreiben. Sie berichten dann weniger über Alltagsgeschehen, sondern machen sich mehr Gedanken über die Werte und den Sinn des Lebens. Auch für geistliche Berufe sind sie deswegen geeignet.

Bescheidenheit ist nicht ihre hervorstechende Eigenschaft, deshalb fühlen sie sich auch auf der Bühne ausgesprochen wohl. Als Kabarettist oder Moderator können sie ihren frechen Geist versprühen.

Viele Schützen bevorzugen Berufe, die mit Reisetätigkeit verbunden sind. Besonders Schütze-Frauen interessieren sich sehr für Mathematik und Physik. Mehr als andere Frauen sind sie von ihrer Veranlagung her schon immer emanzipiert gewesen und wählen häufiger als alle anderen Sternzeichen sogenannte Männerberufe.

Der Schütze und seine Gesundheit:
Schützen geben sich einer Krankheit nur widerwillig hin und erholen sich oft mit erstaunlicher Geschwindigkeit. Sie sind besonders anfällig für Gicht, Rheuma und Ischias, außerdem für Blutkrankheiten und Lungenleiden.

Prominente Schützen:

Ludwig van Beethoven
Hector Berlioz
Willy Brandt
Horst Buchholz
Maria Callas
Winston Churchill
Noel Coward
Sammy Davis
Walt Disney
Francisco Franco
Betty Grable
Johannes Heesters
Heinrich Heine
Werner Heisenberg
Papst Johannes XXIII.
Curd Jürgens
Ludwig Klages
Robert Koch
Jean Marais
John Milton
Alfred de Musset
Nero
Nostradamus
John Osborne
Gerard Philippe
Edith Piaf
Erich Ponto
Rainer Maria Rilke
Frank Sinatra
Josef Stalin
James Thurber
Mark Twain

Steinbock

22. Dezember bis 20. Januar
Planetenherrscher: Saturn
Herrschendes Element: Erde ♑

Äußeres:
Steinböcke sind in der Regel schlank, aber nicht sehr wohlgeformt. Gang und Haltung sind steif und wenig anmutig. Das Gesicht ist mager mit Betonung der Backenknochen. Das Kinn ist stark, mitunter auffallend spitz. Die Augen sind tiefliegend, unbewegt und ernst. Die Gesichtsfarbe ist – aufgrund der unter diesem Zeichen häufig auftretenden Leberstörungen – mitunter fahl oder gelblich.

Charaktereigenschaften:
Steinböcke sind verstandesorientiert und introvertiert. Sie haben immer etwas Verwurzeltes an sich, ihre Gedanken sind weitgehend auf eine stabile materielle Basis und auf eine sichere Zukunft gerichtet. Sie sind scheu und liebenswürdig, aber dabei hart und eigensinnig. Sie achten Erfolg, Autorität und Tradition und haben viel Sinn für praktische Weisheit. Immer liegt ein leichter Hauch von Melancholie und Ernst über ihnen.

Ihre Haupt-Eigenschaften sind Ausdauer, Zielstrebigkeit, Ehrgeiz, Entschlossenheit, Zuverlässigkeit, Vorsicht, Geduld, Beherrschtheit, Sorgfalt und Konzentration. Bei Übersteigerung dieser positiven Eigenschaften können daraus negative Wesensmerkmale werden wie Verbissenheit, Rücksichtslosigkeit, Verknöcherung, Geiz, Zaudern, Verschlossenheit, Kleinlichkeit und Eigenbrötelei.

Steinböcke sollten es sich angelegen sein lassen, ihre zwischenmenschlichen Kontakte zu pflegen und mehr auf ihre Mitmenschen einzugehen. Sich selbst und anderen gegenüber sollten sie nicht allzu streng und hart sein und mehr Verständnis für menschliche Fehler und Schwächen aufbringen. Und sie sollten ihre Kräfte und Interessen nicht ausschließlich auf ihren Aufstieg konzentrieren, sondern sich der Schönheiten und Annehmlichkeiten erfreuen, die das Leben zu bieten hat.

So ist der Steinbock-Mann:
Er hat Träume, aber nicht die Neigung, sie zu verwirklichen. In der Jugend ist er ernsthaft, aber später lockert er sich. In der Liebe sind echte Steinböcke reichlich konservativ, aber auch erstaunlich ausdauernd. Ihnen liegt auch in einer Partnerschaft viel an Stabilität und Absicherung. Dem Partner gegenüber sind sie ziemlich besitzergreifend und neigen dementsprechend zur Eifersucht. Andererseits sind sie stets fürsorglich und in der Regel treu. Wer es versteht, ihre Zurückhaltung zu durchbrechen, entdeckt ein warmes, mitfühlendes Herz. Als Vater verlangt der Steinbock Respekt und Gehorsam, als Großvater dagegen wird er empörend nachgiebig sein.

So ist die Steinbock-Frau:
Sie hat einen angeborenen Sinn für Gleichgewicht und Harmonie und erscheint dadurch ausgeglichener und beherrschter, als sie in Wirklichkeit ist. Zukunftsangst, Schwermut und Depressionen plagen sie, außerdem mangelt es ihr an Selbstvertrauen. Ihre Ziele sind Sicherheit, Autorität, Ansehen und Position. Sie trägt ihre Gefühle nicht auf der Zunge, sondern verschließt sie, bis einer kommt, dem sie vertraut.

Als Mutter hat sie immer ein offenes Ohr für ihre Kinder, denen sie Sparsamkeit und gute Manieren beibringt.

Partnerschaft: Wie vertragen sich . . .
Steinbock und Widder:
siehe Widder und Steinbock
Steinbock und Stier:
siehe Stier und Steinbock
Steinbock und Zwillinge:
siehe Zwillinge und Steinbock
Steinbock und Krebs:
siehe Krebs und Steinbock
Steinbock und Löwe:
siehe Löwe und Steinbock
Steinbock und Jungfrau:
siehe Jungfrau und Steinbock
Steinbock und Waage:
siehe Waage und Steinbock
Steinbock und Skorpion:
siehe Skorpion und Steinbock
Steinbock und Schütze:
siehe Schütze und Steinbock
Steinbock und Steinbock:
Wenn zwei Steinböcke ihren Fleiß, ihre Zielstrebigkeit und ihren Ehrgeiz vereinen, werden sie es unzweifelhaft weit bringen. Es werden wohl kaum Stürme der Leidenschaft ausbrechen, und selten gibt einer der Partner dem anderen Grund zur Eifersucht. Insgesamt ist die Verbindung oft ziemlich spannungslos, so daß es gut wäre, wenn von außen Anstöße kämen, um die häufig drohende Einseitigkeit der Interessen abzubauen.

Steinbock und Wassermann:
Enge Verbindungen zwischen Menschen, die unter diesen beiden Zeichen geboren wurden, sind nicht allzu häufig und auch nicht allzu dauerhaft, denn die Wesensunterschiede sind beträchtlich. Der Ausschließlichkeitsanspruch des Steinbocks ist zudem für den freiheitsliebenden Wassermann ebenso unerträglich wie die ihm aufgezwungene Ordnung und Pünktlichkeit. Den Steinbock wiederum stören die Launenhaftigkeit und Unbeständigkeit des Partners, der keineswegs die Meinung teilt, daß materieller Erfolg der eigentliche Lebenszweck sei.
Steinbock und Fische:
So verschieden sie auch sind – in einer engen Bindung können beide ihr Glück finden. Denn auch der Steinbock hat – wenngleich tief verborgen – eine Gefühlswelt, in die der einfühlsame Fisch vorzudringen vermag. Andererseits kann sich der Fisch bei einem selbstsicheren, klug planenden und klar denkenden Partner wie dem Steinbock geborgen fühlen.

Der Steinbock im Beruf:
Er ist ungemein ehrgeizig und strebsam und früh schon auf Aufstieg und materielle Absicherung bedacht. Seine Ziele verfolgt er mit hartnäckiger Ausdauer und großer Selbstdisziplin. Seine Anpassungsfähigkeit allerdings ist gering, und es fällt ihm schwer, Konzessionen zu machen oder Kompromisse zu schließen. So ausdauernd wie ein Steinbock ist kein anderes Sternzeichen. Dazu kommen ein ausgeprägter Realitätssinn und ein starkes Pflichtgefühl. Ihr Wille zum Erfolg macht Steinböcke besonders geeignet für alle Berufe, in denen es auf Fleiß ankommt.

Ihre disziplinierte Lebensweise und ihr Wunsch, den Körper fit zu halten, kommt auch dem Leistungssport zugute, in dem ein regelmäßiges Training Voraussetzung für den Erfolg ist. Die Gewissenhaftigkeit des Steinbocks macht ihn auch zu einem hervorragenden Bankier oder Steuerberater.

Der Steinbock und seine Gesundheit:
Steinböcke sind zäh und widerstandsfähig. Wenn sie erkranken, rührt das oft von dem ihnen eigenen Pessimismus her. Allerdings: Mit zunehmendem Alter werden Steinböcke immer weniger anfällig.

Fast alle Steinböcke haben eine empfindliche Haut mit Neigung zu Ausschlägen und Allergien. Sie neigen zu Depressionen, und aus ihrer Melancholie resultieren oft Magenbeschwerden, Kopfschmerzen und Niereninfektionen.

Prominente Steinböcke:
Konrad Adenauer
Wilhelm Canaris
Pablo Casals
Marlene Dietrich
Benjamin Franklin
Annette von Droste-Hülshoff
Friedrich Dürrenmatt
Hermann Göring
Cary Grant
Franz Grillparzer
Gustaf Gründgens
Francoise Hardy
Lilian Harvey
Jeanne d'Arc
Josef Kainz
Johannes Kepler
Martin Luther King
Rudyard Kipling
Hildegard Knef
Mao Tse-tung
Henry Miller
Gamal Abd el Nasser
Pola Negri
Isaak Newton
Martin Niemöller
Richard Nixon
Louis Pasteur
Edgar Allan Poe
Elvis Presley
Helena Rubinstein
Albert Schweitzer
Heinrich Zille
Carl Zuckmayer

Wassermann

♒

21. Januar bis 19. Februar
Planetenherrscher: Uranus
Herrschendes Element: Luft

Äußeres:
Männliche Wassermänner sind meistens größer als der Durchschnitt, während Frauen kleiner und rundlich sind. Fast alle Wassermänner haben ein auffallend edles Profil und einen seltsamen verträumten Ausdruck in den Augen. Die Gesichtsfarbe ist blaß, das Haar glatt und seidig und meistens blond, aschblond oder hellbraun.

Charaktereigenschaften:
Wassermänner gehören zu den verstandesorientierten, extravertierten Menschentypen. Sie sind geistig aufgeweckt, denken nicht in Schablonen und produzieren eine Fülle von Ideen und wechselnden Plänen. Ihre Hartnäckigkeit beim Verfechten der jeweiligen Ansichten ist erstaunlich – um so mehr, als diese dann plötzlich aufgegeben werden.

Beim Wassermann muß man ständig auf das Unerwartete gefaßt sein. Oft verhält er sich provozierend, um zu zeigen, daß er sich nicht anpassen will. Dieses Sonnenzeichen ist als Zeichen der Genies bekannt, denn über siebzig Prozent der genialen Menschen haben entweder die Sonne oder den Aszendenten im Wassermann. Andererseits ist auch ein beträchtlicher Prozentsatz der Insassen von Nervenheilanstalten und der Patienten von Psychiatern unter dem Zeichen Wassermann geboren.

Wassermänner können nie lange auf Menschen verzichten, aber wenn sie allein sein wollen, wollen sie wirklich allein sein. Sie haben viele Freunde, suchen aber immer wieder schwermütig die Einsamkeit. Sie geben sich freundlich und liebenswürdig, aber eher distanziert. In jeder Hinsicht sind sie auf persönliche Unabhängigkeit bedacht. Gern schließen sie sich Gruppen an, solange diese sich auf freiwilliger Basis zusammenfinden. Hingegen ist ihnen jeder gewaltsam erzwungene Zusammenschluß ein Greuel.

Die hervorstechenden Wesenszüge des Wassermanns sind Eigenständigkeit, Originalität, Einfallsreichtum, Fortschrittlichkeit, Idealismus, Entschlossenheit, Weitsicht, Mut, Loyalität und Toleranz. In Übersteigerung können daraus leicht negative Eigenschaften werden wie Eigensinn, Exzentrik, Verworrenheit, Überspanntheit, Extremismus, Starrköpfigkeit, Waghalsigkeit, Taktlosigkeit und Zerstörungswut.

Wassermänner sollten sich in jeder Beziehung vor Übertreibungen hüten. Auch sollten sie nicht starrsinnig darauf beharren, immer und überall ihre Ansichten durchsetzen zu wollen. Normen und Spielregeln sollten sie nicht aus dem Grunde ablehnen, weil sie in ihren Augen nicht fortschrittlich genug sind, sonst werden sie in ihrem Streben nach Originalität und Einzigartigkeit leicht zum exzentrischen Außenseiter.

So ist der Wassermann-Mann:

Die Freiheitsliebe des Wassermannes läßt ihn vor einer Bindung lange zurückschrecken. Auch wenn er sich einmal gebunden hat, braucht er einen gewissen persönlichen Freiraum und muß seine vielfältigen Kontakte zur Umwelt aufrechterhalten können. Er ist ein verständnisvoller, einfühlsamer Partner, dem nichts mehr Vergnügen bereitet, als den anderen glücklich zu machen. Wer ihn fesseln will, muß ihn faszinieren – phantasielose, langweilige Partner werden meistens rasch „abgeschoben“.

Als Vater ist der Wassermann ein guter Zuhörer, kann jedoch ungemütlich werden, wenn er sich vernachlässigt fühlt, weil er neben den Kindern die „zweite Geige“ spielt.

So ist die Wassermann-Frau:
Sie braucht die Freiheit, um ihren unzähligen Interessen nachzugehen. Durch zuviel Zweisamkeit fühlt sie sich leicht bedrängt. Es fällt ihr nicht leicht, ihre Gefühle zu zeigen und auszudrücken, und die Grenze zwischen Freundschaft und Liebe ist für sie oft unsichtbar. Sie ist nicht sehr leidenschaftlich und zieht deshalb freundschaftliche Beziehungen vor. Die Mutterschaft bringt sie etwas aus der Fassung. Dann aber ist sie eine gute Kameradin, die ihre Kinder nicht mit ihrer Zärtlichkeit erdrückt.

Partnerschaft: Wie vertragen sich ...
Wassermann und Widder:
siehe Widder und Wassermann
Wassermann und Stier:
siehe Stier und Wassermann
Wassermann und Zwillinge:
siehe Zwillinge und Wassermann
Wassermann und Krebs:
siehe Krebs und Wassermann
Wassermann und Löwe:
siehe Löwe und Wassermann
Wassermann und Jungfrau:
siehe Jungfrau und Wassermann
Wassermann und Skorpion:
siehe Skorpion und Wassermann

Wassermann und Schütze:
siehe Schütze und Wassermann
Wassermann und Steinbock:
siehe Steinbock und Wassermann
Wassermann und Wassermann:
Eine solche Verbindung wird weder konventionell noch langweilig sein. Beide Partner sind weltoffen, kontaktbedürftig, vielseitig interessiert, können sich stundenlang unterhalten, sich immer wieder neuen Wissensgebieten zuwenden und sich gegenseitig zahlreiche geistige Anstöße geben. Weniger eng ist oft die körperliche Übereinstimmung, und es kann einige Zeit dauern, bis die typische Wassermann-Distanz abgebaut ist.
Wassermann und Fische:
Die Wesensgegensätze zwischen diesen beiden Zeichen sind oft nur schwer zu überbrücken. Die Weichheit und Entschlußlosigkeit des Fisches kann die Wassermann-Nerven arg strapazieren. Den verwundbaren, ich-bezogenen Fisch stört es, daß sein Partner sich mehr „auf Gott und die Welt" konzentriert als auf ihn. Oft schockieren ihn auch dessen unkonventionelle Ansichten und Verhaltensweisen. Alles in allem eine nicht unproblematische Verbindung.

Der Wassermann im Beruf:
Wirtschaftliche Absicherung ist nicht sein höchstes Ziel. Lieber ist ihm ein abwechslungsreicher Beruf, der ihm viele Freiheiten läßt. Er geht nach Möglichkeit eigene Wege und läßt sich nur ungern Vorschriften machen. Andererseits trifft er aber auch nicht gern Entscheidungen und gibt nicht gern Anordnungen. Phantasiebegabt und rational wie sie sind, eignen Wassermänner sich hervorragend als Erfinder. Technische Neuerungen aller Art faszinieren ihn. Da er

immer ein typisches Kind seiner Zeit ist, kann er mit seinen Erfindungen auch gutes Geld verdienen.

Von Vorteil ist auch sein analytischer Verstand. Er ist der beste Kenner der menschlichen Natur im ganzen Tierkreis und sieht zu niemandem auf und zu niemandem herab – ein Grund, warum es unter den Wassermännern zahlreiche Psychiater und verwandte Berufsgruppen gibt.

Häufiger als andere Sternbilder entscheiden sich Wassermänner auch für den Beruf des Schriftstellers. Als aufmerksame Beobachter, die scharfsinnig und pointiert formulieren können, sind sie dafür auch hervorragend begabt.

Der Wassermann und seine Gesundheit:
Wassermänner mit ihrem ausgesprochen empfindlichen Nervensystem brauchen viel frische Luft, viel Schlaf und viel körperliche Bewegung. Sie neigen zu Unfällen an den Beinen, sind anfällig gegen Halsentzündungen und Kreislaufkrankheiten und haben im Alter oft Krampfadern.

Prominente Wassermänner:
Hedwig Courths-Mahler
Charles Darwin
James Dean
Charles Dickens
Christian Dior
Friedrich Ebert
Thomas Edison
Ludwig Erhard
Friedrich der Große
Willy Fritsch
Wilhelm Furtwängler
Clark Gable
Wladislaw Gomulka
Juliette Greco
Theodor Heuss
E. T. A. Hoffmann
Hugo von Hofmannsthal
Mario Lanza
Jack Lemmon
Abraham Lincoln
Charles Lindbergh
Norman Mailer
Somerset Maugham
Jeanne Moreau

Wolfgang Amadeus Mozart
Paul Newman
Hazy Osterwald
Auguste Piccard
Leontyne Price
Franklin D. Roosevelt
Hjalmar Schacht
Franz Schubert
Carl Spitzweg
Hugo Stinnes

Fische

20. Februar bis 20. März ♓
Planetenherrscher: Neptun
Herrschendes Element: Wasser

Äußeres:
Unter diesem Zeichen geborene Menschen sind selten groß und zeichnen sich durch außerordentliche Anmut aus. Sie haben eine seidenweiche, oft blasse Haut, bewegliche Gesichtszüge, oft etwas vorstehende, „wäßrige" Augen, die meistens blau sind, und feines, meist helles Haar. Auffallend ist, daß sie entweder sehr kleine zarte oder sehr große grobe Hände haben.

Charaktereigenschaften:
Fische gehören zu den gefühlsorientierten, introvertierten Typen. Gerne entfliehen sie der Realität in ihre Wunschträume. Ihre lebhafte Phantasie verleitet sie oft dazu, sich eine Traum- und Scheinwelt aufzubauen. Ein Fisch kann jeden Schmerz und jede Freude mitempfinden, als sei er selbst betroffen. Typisch ist sein Mitleid und sein Wunsch, den Kranken und Schwachen zu helfen.

Die hervorstechendsten Eigenschaften der Fische sind Gefühlstiefe, Einfühlsamkeit, Hilfsbereitschaft, Freundlichkeit, Fürsorglichkeit, Anpassungsfähigkeit, Intuition und Phantasie. In Übersteigerung können daraus allerdings leicht negative Eigenschaften werden wie Sentimentalität, Überempfindlichkeit, Entschlußlosigkeit, Überbesorgtheit, Verschwommenheit, Verträumtheit und Selbsttäuschung. Ihre starke Gefühlsbetontheit kann sich bei Stimmungsschwankungen als Launenhaftigkeit äußern. Deshalb sollten Fische sich um mehr Ausgewogenheit bemühen. Mit ihrer Intuition und ihrem Einfühlungsvermögen können sie vielen Menschen sehr viel helfen, und auch, wenn sie selbst immer wieder Schutz und Trost brauchen, sind sie doch ihrerseits imstande, anderen in ihren Nöten beizustehen. Wenn sie es wirklich wollen, können Fische mehr Kraft mobilisieren, als sie glauben!

So ist der Fische-Mann:
Er ist verträumt, romantisch, weltfremd, andererseits aber auch verständnisvoll, vorurteilsfrei, unerschütterlich und ein wunderbarer Zuhörer. Wenn sie den anderen mögen und achten, ordnen sie sich ihm gerne unter. Aber sie sind auch leicht verwundbar, gehen Entscheidungen gern aus dem Weg und neigen zu Passivität und Entschlußlosigkeit.

Fische sind großartige Väter, sie sind zärtlich und phantasievoll, wenn auch oft nicht streng genug.

So ist die Fische-Frau:
Ihre – scheinbare oder wirkliche – Hilflosigkeit gegenüber Forderungen des praktischen Alltagslebens, ihre Verletzlichkeit und Weichheit wecken Beschützerinstinkte. Fische-Frauen sind zwar empfindsam, depressiv und schüchtern, aber sie passen sich den schwierigsten Situationen wunderbar ruhig an. Sie sind sanft und verträumt und bewahren sich bis ins Alter ihre Mädchenhaftigkeit.

Als Mutter ist die Fische-Frau leicht zu nachgiebig, denn Festigkeit fällt ihr schwer.

Partnerschaft: Wie vertragen sich . . .

Fische und Widder:
siehe Widder und Fische
Fische und Stier:
siehe Stier und Fische
Fische und Zwillinge:
siehe Zwillinge und Fische
Fische und Krebs:
siehe Krebs und Fische
Fische und Löwe:
siehe Löwe und Fische
Fische und Jungfrau:
siehe Jungfrau und Fische
Fische und Waage:
siehe Waage und Fische
Fische und Skorpion:
siehe Skorpion und Fische
Fische und Schütze:
siehe Schütze und Fische
Fische und Steinbock:
siehe Steinbock und Fische
Fische und Wassermann:
siehe Wassermann und Fische
Fische und Fische:
Körperlich, geistig und seelisch stimmen beide Partner überein. Es kann allerdings immer wieder Zeiten geben, in denen sich beide ausweichen bzw. sich vom Partner im Stich gelassen fühlen. Die den Fischen eigene Überempfindlichkeit hat dann leicht eine Entfremdung zur Folge. Das Einfühlungsvermögen und die gegenseitige Hilfsbereitschaft der Fische-Geborenen können jedoch helfen, die Probleme zu überwinden.

Der Fisch im Beruf:

Er ist weniger ein Mensch der Tat als der Gefühle und Träume. Disziplin und Ordnungsliebe sind nicht seine Stärken, und er ist auch nicht besonders ehrgeizig. Allerdings ist er, wenn ihm seine Arbeit Freude macht, sehr pflichtbewußt.

Fische sind ausgezeichnete Lehrer. Auch in allen Pflegeberufen sind sie gut aufgehoben.

Als Vorgesetzte findet man sie ziemlich selten – einerseits, weil sie keine „Ellenbogen-Menschen" sind, andererseits, weil sie es vorziehen, ungebunden zu arbeiten und nicht gerne Verantwortung übernehmen.

Der Fisch und seine Gesundheit:

Fische sind nicht sehr robust. Besonders empfänglich sind sie für Infektionen aller Art. Auch ihre Neigung zu Alkohol- und Drogenmißbrauch kann zu Erkrankungen führen.

Prominente Fische:

Edward Albee
Ursula Andress
Elizabeth Browning
Enrico Caruso
Frederic Chopin
Gottlieb Daimler
Joseph von Eichendorff
Albert Einstein
Otto Hahn
Georg Friedrich Händel
Rex Harrison
Hermann Hollerith
Victor Hugo
Henrik Ibsen
Karl Jaspers
Erich Kästner
Oskar Kokoschka
Karl May
Michelangelo
Auguste Renoir
Heinz Rühmann
Arthur Schopenhauer
Rudolf Steiner
Elizabeth Taylor

Der Aszendent

Unter dem Aszendenten verstehen wir jenes Zeichen des Tierkreises, das im Augenblick der Geburt am Osthimmel erscheint. Als Folge der Erdumdrehung scheint sich der ganze Tierkreis im Laufe von 24 Stunden einmal um die Erde zu drehen; im Durchschnitt steigt alle zwei Stunden ein neues Bild am Osthorizont auf.

Das Aszendentenzeichen kann nur mit Sicherheit bestimmt werden, wenn die genaue Geburtszeit bekannt ist. Eine Unsicherheit von ein bis zwei Stunden macht eine exakte Festlegung bereits unmöglich, weil dann der Schnittpunkt von Osthorizont und Ekliptik bereits in einem anderen Zeichen liegen kann.

Das Tierkreiszeichen, in das der Aszendent fällt, nennt man auch „aufsteigendes Zeichen". Es ist neben dem Sonnenzeichen das wichtigste Element des Horoskops. Während das Sonnenzeichen nur sehr allgemeine Angaben zuläßt, modifiziert der Aszendent diese Angaben für den individuellen Fall. Das ist leicht zu erklären: Schließlich gilt das Sonnenzeichen einen ganzen Monat lang, während das Aszendentenzeichen nur jeweils zwei Stunden lang gilt!

Auch der Geburtsherrscher bezieht sich immer auf den Aszendenten, ist also immer der dem „aufsteigenden Zeichen" zugeordnete Planet (siehe 5. Kapitel).

Aus der nachfolgenden Aszendententabelle kann man den Aszendenten mit einer Genauigkeit bis auf zehn Grad gemäß der Geburtsstunde ablesen. Die Tabelle bringt den Umfang eines Tierkreiszeichens von 30 Grad in jeweils drei Drittelungen (Dekanaten): 0–10, 10–20, 20–30 Grad eines Zeichens. Dies ist zwar ungenau, genügt aber für die Feststellung des Zeichens am Aszendenten.

Zu beachten sind die jeweiligen Sommerzeiten, für die man eine Stunde von der Ortszeit abziehen muß. Eine Tabelle mit diesen Zeiten folgt im Anschluß an die Aszendententabelle.

	Januar			Februar			März		
	1.	11.	21.	1.	10.	20.	1.	11.	21.
Widder 1. Dek.	11.20	10.40	10.00	9.20	8.40	8.00	7.25	6.45	6.05
2. Dek.	11.38	10.57	10.17	9.38	8.57	8.20	7.42	7.02	6.22
3. Dek.	11.56	11.13	10.33	9.56	9.13	8.40	7.58	7.18	6.40
Stier 1. Dek.	12.15	11.30	10.50	10.15	9.30	9.00	8.15	7.35	6.57
2. Dek.	12.37	11.55	11.13	10.37	9.53	9.20	8.40	7.58	7.20
3. Dek.	12.59	12.20	11.37	10.59	10.17	9.40	9.05	8.22	7.43
Zwillinge 1. Dek.	13.20	12.45	12.00	11.20	10.40	10.00	9.30	8.45	8.06
2. Dek.	13.57	13.20	12.37	11.57	11.17	10.40	10.05	9.22	8.41
3. Dek.	14.34	13.55	13.13	12.34	11.54	11.20	10.40	9.59	9.59
Krebs 1. Dek.	15.10	14.30	13.50	13.10	12.30	12.00	11.15	10.35	9.55
2. Dek.	16.00	15.20	14.40	14.00	13.20	12.50	12.05	11.25	10.45
3. Dek.	16.50	16.10	15.30	14.50	14.10	13.40	12.55	12.15	11.35
Löwe 1. Dek.	17.40	17.00	16.20	15.40	15.00	14.30	13.45	13.05	12.26
2. Dek.	18.37	17.57	17.17	16.47	15.57	15.25	14.42	14.03	13.22
3. Dek.	19.34	18.54	18.13	17.44	16.54	16.20	15.39	15.02	14.19
Jungfrau 1. Dek.	20.30	19.50	19.10	18.30	17.50	17.15	16.35	16.00	15.15
2. Dek.	21.27	20.47	20.07	19.27	18.47	18.10	17.32	16.55	16.12
3. Dek.	22.24	21.44	21.04	20.24	19.44	19.05	18.29	17.50	17.08
Waage 1. Dek.	23.20	22.40	22.00	21.20	20.40	20.00	19.25	18.45	18.05
2. Dek.	0.17	23.37	22.57	22.17	21.37	21.00	20.22	19.42	19.00
3. Dek.	1.14	0.34	23.54	23.13	22.34	22.00	21.19	20.39	19.59
Skorpion 1. Dek.	2.10	1.30	0.50	0.10	23.30	23.00	22.15	21.35	20.55
2. Dek.	3.07	2.27	1.47	1.07	0.27	23.55	23.10	22.32	21.51
3. Dek.	4.03	3.24	2.44	2.04	1.24	0.50	0.05	23.29	22.47
Schütze 1. Dek.	5.00	4.20	3.40	3.00	2.20	1.45	1.00	0.25	23.44
2. Dek.	5.50	5.10	4.30	3.50	3.10	2.35	1.52	1.15	0.34
3. Dek.	6.40	6.00	5.20	4.40	4.00	3.25	2.44	2.05	1.25
Stein- 1. Dek.	7.30	6.50	6.10	5.30	4.50	4.15	3.35	2.55	2.15
bock 2. Dek.	8.07	7.27	6.47	6.07	5.27	4.50	4.12	3.32	3.05
3. Dek.	8.44	8.03	7.23	6.43	6.03	5.25	4.49	4.08	3.55
Wasser- 1. Dek.	9.20	8.40	8.00	7.20	6.40	6.00	5.25	4.45	4.04
mann 2. Dek.	9.43	9.03	8.23	7.43	7.03	6.25	5.48	5.07	4.27
3. Dek.	10.07	9.22	8.47	8.07	7.22	6.50	6.12	5.28	5.50
Fische 1. Dek.	10.30	9.45	9.10	8.30	7.45	7.15	6.35	5.50	5.13
2. Dek.	10.47	10.03	9.27	8.47	8.03	7.30	6.52	6.08	5.30
3. Dek.	11.03	10.22	9.43	9.10	8.22	7.45	7.08	6.27	5.48

	April			Mai			Juni		
	1.	11.	21.	1.	11.	21.	1.	10.	20.
Widder 1. Dek.	5.25	4.45	4.00	3.25	2.45	2.00	1.25	0.45	0.00
2. Dek.	5.42	5.02	4.20	3.42	3.02	2.20	1.42	1.02	0.17
3. Dek.	6.00	5.18	4.40	3.59	3.18	2.40	1.58	1.18	0.33
Stier 1. Dek.	6.17	5.35	5.00	4.15	3.35	3.00	2.15	1.35	0.50
2. Dek.	6.40	5.58	5.20	4.38	3.58	3.20	2.38	1.57	1.13
3. Dek.	7.03	6.22	5.40	5.02	4.22	3.40	3.02	2.23	1.37
Zwillinge 1. Dek.	7.26	6.45	6.00	5.25	4.45	4.00	3.25	2.45	2.00
2. Dek.	8.03	7.22	6.40	6.02	5.22	4.40	4.02	3.22	2.37
3. Dek.	8.40	7.59	7.20	6.39	5.39	5.20	4.39	3.59	3.13
Krebs 1. Dek.	9.15	8.35	8.00	7.15	6.35	6.00	5.15	4.35	3.50
2. Dek.	10.05	9.23	8.50	8.05	7.23	6.48	6.05	5.23	4.40
3. Dek.	10.55	10.12	9.40	8.55	8.12	7.36	6.55	6.11	5.30
Löwe 1. Dek.	11.45	11.00	10.30	9.45	9.00	8.25	7.45	7.00	6.20
2. Dek.	12.42	12.00	11.25	10.42	10.00	9.22	8.42	8.00	7.17
3. Dek.	13.37	13.00	12.20	11.38	11.00	10.19	9.39	9.00	8.14
Jungfrau 1. Dek.	14.35	14.00	13.15	12.35	12.00	11.15	10.35	10.00	9.10
2. Dek.	15.32	14.55	14.10	13.32	12.55	12.10	11.32	10.55	10.07
3. Dek.	16.29	15.50	15.05	14.28	13.50	13.05	12.29	11.50	11.03
Waage 1. Dek.	17.25	16.45	16.00	15.25	14.45	14.00	13.25	12.45	12.00
2. Dek.	18.22	17.42	17.00	16.22	15.40	15.00	14.22	13.42	12.57
3. Dek.	19.19	18.39	18.00	17.19	16.35	16.00	15.19	14.39	13.54
Skorpion 1. Dek.	20.15	19.35	19.00	18.15	17.30	17.00	16.15	15.35	14.50
2. Dek.	21.10	20.32	19.55	19.10	18.27	17.55	17.10	16.12	15.47
3. Dek.	22.05	21.29	20.50	20.05	19.24	18.50	18.05	16.48	16.44
Schütze 1. Dek.	23.00	22.25	21.45	21.00	20.20	19.45	19.00	17.25	17.40
2. Dek.	23.52	23.15	22.35	21.52	21.10	20.35	19.52	18.36	18.30
3. Dek.	0.44	0.05	23.25	22.44	22.00	21.25	20.44	19.48	19.20
Stein- 1. Dek.	1.35	0.55	0.15	23.35	22.50	22.15	21.35	21.00	20.10
bock 2. Dek.	2.12	1.32	0.50	0.12	23.28	22.50	22.12	21.35	20.47
3. Dek.	2.49	2.08	1.25	0.49	0.07	23.25	22.49	22.10	21.24
Wasser- 1. Dek.	3.25	2.45	2.00	1.25	0.45	0.00	23.25	22.45	22.00
mann 2. Dek.	3.48	3.07	2.25	1.47	1.07	0.25	23.47	23.07	22.23
3. Dek.	4.12	3.29	2.50	2.08	1.28	0.50	0.08	23.28	22.45
Fische 1. Dek.	4.35	3.50	3.15	2.30	1.50	1.15	0.30	23.50	23.08
2. Dek.	4.52	4.08	3.30	2.48	2.08	1.30	0.48	0.08	23.25
3. Dek.	5.08	4.27	3.45	3.07	2.27	1.45	1.06	0.27	23.43

	Juli			August			September		
	1.	11.	21.	1.	11.	21.	1.	11.	21.
Widder 1. Dek.	23.20	22.40	22.00	21.20	20.40	19.50	19.15	18.35	17.50
2. Dek.	23.38	22.57	22.17	21.37	20.57	20.08	19.33	18.52	18.08
3. Dek.	23.57	23.13	22.33	21.53	21.13	20.27	19.52	19.08	18.27
Stier 1. Dek.	0.15	23.30	22.50	22.10	21.30	20.45	20.10	19.25	18.45
2. Dek.	0.37	23.53	23.13	22.33	21.53	21.10	20.32	19.48	19.07
3. Dek.	0.59	0.17	23.37	22.57	22.17	21.35	20.53	20.12	19.28
Zwillinge 1. Dek.	1.20	0.40	0.00	23.20	22.40	22.00	21.15	20.35	19.50
2. Dek.	1.57	1.17	0.37	23.57	23.17	22.35	21.50	21.12	20.27
3. Dek.	2.34	1.54	1.13	0.34	23.53	23.10	22.25	21.48	21.03
Krebs 1. Dek.	3.10	2.30	1.50	1.10	0.30	23.45	23.00	22.25	21.40
2. Dek.	4.00	3.20	2.40	2.00	1.20	0.35	23.52	23.17	22.32
3. Dek.	4.50	4.10	3.20	2.50	2.10	1.25	0.43	0.08	23.24
Löwe 1. Dek.	5.40	5.00	4.20	3.40	3.00	2.15	1.35	1.00	0.15
2. Dek.	6.37	5.57	5.17	4.37	3.57	3.10	2.32	1.55	1.10
3. Dek.	7.34	6.54	6.14	5.34	4.54	4.05	3.29	2.50	2.05
Jungfrau 1. Dek.	8.30	7.50	7.10	6.30	5.50	5.00	4.25	3.45	3.00
2. Dek.	9.27	8.47	8.07	7.27	6.47	6.00	5.22	4.42	3.57
3. Dek.	10.24	9.44	9.03	8.24	7.44	7.00	6.19	5.38	4.54
Waage 1. Dek.	11.20	10.40	10.00	9.20	8.40	8.00	7.15	6.35	5.50
2. Dek.	12.17	11.37	10.57	10.17	9.37	8.55	8.10	7.32	6.47
3. Dek.	13.14	12.34	11.54	11.14	10.34	9.50	9.05	8.28	7.44
Skorpion 1. Dek.	14.10	13.30	12.50	12.10	11.30	10.45	10.00	9.25	8.40
2. Dek.	15.07	14.27	13.47	13.07	12.27	11.42	10.57	10.22	9.37
3. Dek.	16.04	15.24	14.44	14.03	13.24	12.39	11.54	11.18	10.34
Schütze 1. Dek.	17.00	16.20	15.40	15.00	14.20	13.35	12.50	12.15	11.30
2. Dek.	17.50	17.10	16.30	15.50	15.10	14.33	13.42	13.05	12.20
3. Dek.	18.40	18.00	17.20	16.40	16.00	15.12	14.33	13.55	13.10
Stein- 1. Dek.	19.30	18.50	18.10	17.30	16.50	16.00	15.25	14.45	14.00
bock 2. Dek.	20.07	19.27	18.47	18.07	17.27	16.37	16.02	15.22	14.37
3. Dek.	20.44	20.03	19.23	18.43	18.03	17.13	16.38	15.58	15.13
Wasser- 1. Dek.	21.20	20.40	20.00	19.20	18.40	17.50	17.15	16.35	15.50
mann 2. Dek.	21.43	21.02	20.23	19.43	19.02	18.13	17.37	16.58	16.13
3. Dek.	22.07	21.23	20.47	20.07	19.23	18.37	17.58	17.22	16.37
Fische 1. Dek.	22.30	21.45	21.10	20.30	19.45	19.00	18.20	17.45	17.00
2. Dek.	22.47	22.03	21.27	20.47	20.03	19.17	18.38	18.02	17.17
3. Dek.	23.03	22.22	21.43	21.03	20.12	19.33	18.57	18.18	17.33

	Oktober			November			Dezember		
	1.	11.	21.	1.	11.	21.	1.	11.	21.
Widder 1. Dek.	17.15	16.30	15.50	15.15	14.35	13.55	13.15	12.35	12.00
2. Dek.	17.30	16.48	16.08	15.33	14.53	14.12	13.33	12.53	12.17
3. Dek.	17.45	17.07	16.27	15.52	15.12	14.28	13.52	13.12	12.33
Stier 1. Dek.	18.00	17.25	16.45	16.10	15.30	14.45	14.10	13.30	12.55
2. Dek.	18.25	17.47	17.07	16.32	15.52	15.10	14.32	13.52	13.13
3. Dek.	18.50	18.08	17.28	16.54	16.13	15.35	14.54	14.13	13.37
Zwillinge 1. Dek.	19.15	18.30	17.50	17.15	16.35	16.00	15.15	14.35	14.00
2. Dek.	19.50	19.07	18.27	17.50	17.12	16.35	15.50	15.12	14.37
3. Dek.	20.25	19.43	19.03	18.25	17.49	17.10	16.25	15.48	15.13
Krebs 1. Dek.	21.00	20.20	19.40	19.00	18.25	17.45	17.00	16.25	15.50
2. Dek.	21.50	21.10	20.32	19.52	19.17	18.35	17.52	17.17	16.40
3. Dek.	22.40	22.00	21.23	20.44	20.08	19.25	18.44	18.08	17.30
Löwe 1. Dek.	23.30	22.50	22.15	21.35	21.00	20.15	19.35	19.00	18.20
2. Dek.	0.27	23.47	23.10	22.32	21.55	21.10	20.32	19.55	19.17
3. Dek.	1.24	0.44	0.05	23.29	22.50	22.05	21.29	20.50	20.14
Jungfrau 1. Dek.	2.20	1.40	1.00	0.25	23.45	23.00	22.25	21.45	21.10
2. Dek.	3.18	2.37	1.57	1.22	0.42	0.00	23.22	22.42	22.07
3. Dek.	4.16	3.34	2.54	2.19	1.39	1.00	0.19	23.39	23.04
Waage 1. Dek.	5.15	4.30	3.50	3.15	2.35	2.00	1.15	0.35	0.00
2. Dek.	6.10	5.27	4.47	4.10	3.32	2.55	2.10	1.32	0.57
3. Dek.	7.05	6.24	5.44	5.05	4.29	3.50	3.05	2.29	1.53
Skorpion 1. Dek.	8.00	7.20	6.40	6.00	5.25	4.45	4.00	3.25	2.50
2. Dek.	8.57	8.17	7.37	6.57	6.22	5.40	4.57	4.22	3.47
3. Dek.	9.54	9.14	8.34	7.54	7.19	6.35	5.54	5.19	4.44
Schütze 1. Dek.	10.50	10.10	9.30	8.50	8.15	7.30	6.50	6.15	5.40
2. Dek.	11.40	11.00	10.20	9.42	9.05	8.20	7.42	7.05	6.30
3. Dek.	12.30	11.50	11.10	10.34	9.55	9.10	8.34	7.55	7.20
Stein- 1. Dek.	13.20	12.40	12.00	11.25	10.45	10.00	9.25	8.45	8.10
bock 2. Dek.	13.57	13.17	12.37	12.02	11.20	10.37	10.02	9.22	8.47
3. Dek.	14.34	13.53	13.13	12.39	11.55	11.13	10.38	9.58	9.23
Wasser- 1. Dek.	15.10	14.30	13.50	13.15	12.30	11.50	11.15	10.35	10.00
mann 2. Dek.	15.33	14.53	14.33	13.37	12.55	12.13	11.37	10.58	10.23
3. Dek.	15.57	15.17	14.17	13.58	13.20	12.37	11.58	11.23	10.37
Fische 1. Dek.	16.20	15.40	15.00	14.20	13.45	13.00	12.20	11.45	11.10
2. Dek.	16.38	15.57	15.17	14.38	14.02	13.18	12.38	12.02	11.27
3. Dek.	16.57	16.13	15.33	14.56	14.18	13.37	12.57	12.18	11.43

aus: Löhleins Handbuch der Astrologie

Sommerzeit in Deutschland

einfache Sommerzeit:

1916 vom 30.4., 23 Uhr bis 1.10., 1 Uhr
1917 vom 16.4., 3 Uhr bis 17. 9., 3 Uhr
1918 vom 15.4., 3 Uhr bis 16. 9., 3 Uhr
1940 vom 1.4., 3 Uhr bis 2.11., 2 Uhr 1942
1943 vom 29.3., 3 Uhr bis 4.10., 2 Uhr
1944 vom 3.4., 3 Uhr bis 3.10., 2 Uhr
1945 vom 2.4., 3 Uhr bis 16. 9., 3 Uhr (Westzonen) bzw.
18.11., 3 Uhr (Ostzonen)
1946 vom 14.4., 3 Uhr bis 7.10., 3 Uhr
1947 vom 6.4., 3 Uhr bis 11. 5., 3 Uhr

doppelte Sommerzeit:

1947 vom 11.5., 3 Uhr bis 29. 6., 3 Uhr

wieder einfache Sommerzeit:

1947 vom 29.6., 3 Uhr bis 5.10., 3 Uhr
1948 vom 18.4., 2 Uhr bis 3.10., 3 Uhr
1949 vom 10.4., 2 Uhr bis 2.10., 3 Uhr

Bei einfacher Sommerzeit ist von der Ortszeit (bei uns MEZ) eine Stunde, bei doppelter Sommerzeit sind zwei Stunden abzuziehen.

Die Häuser

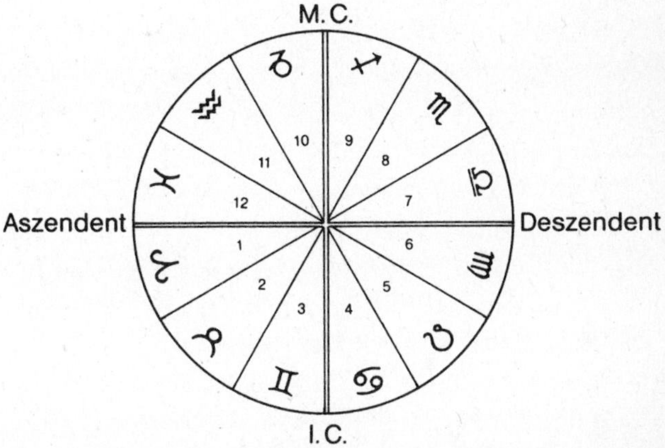

Dem Tierkreis liegt der jährliche Umlauf der Erde um die Sonne zugrunde. Er ist insofern ein „globales“ Bezugssystem, als die Sonne beispielsweise Ende März von jedem Punkt der Erde aus gesehen im Zeichen Widder steht. Darüber hinaus aber hat jeder Mensch noch ein persönliches, vom Zeitpunkt und Ort seiner Geburt abhängiges Bezugssystem – das System der Häuser (auch Felder oder Örter genannt), das auf der Tagesdrehung der Erde beruht.

Durch die tägliche Drehung der Erde um ihre Achse kommen Gestirne und Ekliptik ständig in ein anderes Bezugsverhältnis zum Meridian und Horizont eines bestimmten Punktes der Erdoberfläche. Deshalb ist dieses im Augenblick der Geburt am Geburtsort gegebene Verhältnis für diesen Zeitpunkt und Ort charakteristisch: Einige Planeten und Abschnitte der Ekliptik befinden sich über, andere unter dem Horizont, und zwei Zeichen stehen im Aufgang und Untergang: In ihnen liegen die Schnittpunkte der Ekliptik mit dem Horizont des Geburtsortes. Den Schnittpunkt im Osten bezeichnet man als Aszendent, den Schnittpunkt im Westen als Deszendent. Die Verbindungslinie zwischen beiden bildet eine Hauptachse des Horoskops.

Die zweite Hauptachse bildet der Meridian (Mittagskreis) des Geburtsortes, der Kreis zwischen Zenit und Nadir, in dem alle Sterne ihre höchste bzw. niedrigste Stellung erreichen. In der Astrologie heißt der Zenit Himmelsmitte (Medium Coeli, abgekürzt MC) und der Nadir Himmelstiefe (Immum Coeli, abgekürzt IC). Mit Aszendent, Deszendent, Himmelsmitte und Himmelstiefe hat das Häusersystem wie der Tierkreis vier Kardinalpunkte. Der Aszendent entspricht dem Frühlings- oder Widderpunkt im Tierkreis, der Deszendent dem Herbst- oder Waagepunkt, die Himmelsmitte dem Wintersonnenwendepunkt, die Himmelstiefe dem Sommersonnenwendepunkt. Diese Entsprechungen machen die enge Verknüpfung beider Bezugskreise des Horoskops deutlich, weisen aber auch schon auf die Korrelation zwischen den zwölf Häusern und den zwölf Tierkreiszeichen hin.

Durch die Horizontachse, die Verbindung zwischen Aszendent und Deszendent, wird das Horoskop in zwei Hälften geteilt: Die Häuser 1–6 liegen unter dem Horizont, die Häuser 7–12 über dem Horizont. Die unter dem Horizont liegenden Häuser bilden die Ich-Sphäre, die über dem Horizont liegenden Häuser die Du-Sphäre. Die Häuser 1–6 geben also Aufschlüsse über das Ich des betreffenden Menschen, über sein Selbstverständnis, seine Anlagen und Fähigkeiten, sein Wesen usw., die Häuser 7–12 geben Aufschlüsse über sein Verhältnis zur Mitwelt, seine Bindungen und Forderungen an andere, aber auch über das, was ihm aus der Umwelt zukommt.

Auch durch die Meridianachse, die Himmelsmitte und Himmelstiefe verbindet, wird das Horoskop in zwei Hälften geteilt. Die linke (östliche) Hälfte besteht aus den Häusern 10, 11, 12, 1, 2 und 3, die rechte (westliche) Hälfte aus den Häusern 4, 5, 6, 7, 8 und 9. Die Osthälfte ist die Sphäre der bewußten Welt, die Westhälfte die der unbewußten Welt.

Darüber hinaus werden die Häuser noch zu den Tierkreiszeichen in Beziehung gesetzt. In den Grundtönungen findet man dabei eine offensichtliche Korrespondenz zwischen Widder und 1. Haus, Stier und 2. Haus, Zwillingen und 3. Haus usw. Außerdem ist jedes Haus in seiner Wirkintensität und Wirkweise noch nach dem Gruppenschema gefärbt (kardinale Zeichen, Feuerzeichen usw.). Wie den kardinalen Zeichen schreibt man auch den kardinalen Häusern die stärkste Wirkintensität zu, fixe Häuser sind von mittlerer, veränderliche Häuser von schwacher Intensität.

Das 1. Haus

kardinales Feuer-Haus
aktive Wirkintensität
Inhalte: Das erste Haus beinhaltet alles am Menschen, was angeboren ist und kein Ergebnis der Einwirkung der Umwelt. Dazu gehören seine Persönlichkeit und sein Temperament, sein Charakter und ganzes Wesen, auch seine äußere Erscheinung, Mimik und Gestik und seine Kondition, außerdem seine geistigen und seelischen Anlagen.

Das 2. Haus

fixes Erd-Haus
mittlere, stabile Wirkintensität
Inhalte: Hier finden wir Auskunft über Besitz und Mittel eines Menschen. Dazu gehört auch der Ehrgeiz voranzukommen (im Unterschied zur Fähigkeit, dies zu verwirklichen). Das Haus bezieht sich auf finanzielle Möglichkeiten, nicht jedoch auf Geld und Güter, die geerbt werden.

Das 3. Haus

veränderliches Luft-Haus
schwache, bewegliche Wirkintensität
Inhalte: Das dritte Haus repräsentiert die intellektuellen Fähigkeiten eines Menschen und alles andere, wodurch er seine Persönlichkeit anderen gegenüber ausdrückt, etwa seine Ausdrucksweise und alle übrigen Mittel der Kommunikation mit der Welt. Auch Zweckbeziehungen zur Umwelt, einschließlich Geschwistern und Verwandten, gehören dazu – allerdings sind damit mehr die intellektuellen als die emotionalen Beziehungen gemeint.

Das 4. Haus

kardinales Wasser-Haus
starke, beharrliche Wirkintensität
Inhalte: Hier finden wir die ursprüngliche Umgebung eines

Menschen dargestellt – der Geburtsort und das elterliche Haus gehören dazu, wie Eltern und Erbe, auch das Schicksal der Eltern. Betroffen sind auch Häuser, Landbesitz und jeder andere Besitz, der mit der Erde verbunden ist. Außerdem bezieht sich dieses Haus auch auf Vorgänge, die einen Abschluß bedeuten, einschließlich der Verhältnisse am Lebensende.

Das 5. Haus

fixes Feuer-Haus
mittlere, aktive Wirkintensität
Inhalte: Das 5. Haus repräsentiert das Liebesleben eines Menschen, außerdem alle Tätigkeiten, die ihm besonderes Vergnügen bereiten. So bezieht es sich auch auf innerste Wünsche, außerdem auf Kinder, Glücksspiel und Spekulationen.

Das 6. Haus

veränderliches Erd-Haus
schwache, stabile Wirkintensität
Inhalte: Hier finden wir Auskunft über die Gesundheit und die physischen Kräfte eines Menschen und über alles, was mit seinem Körper verbunden ist, insbesondere Nahrung und Kleidung. Es bezieht sich auch auf Dienste, die andere diesem Menschen leisten, sowie auf seine Angestellten und Haustiere. Auch unbewußte Hindernisse, Belastungen

in Leben und Beruf sowie die Arbeit im allgemeinen werden hier angesprochen.

Das 7. Haus

kardinales Luft-Haus
starke, bewegliche Wirkintensität
Inhalte: Hier finden wir Auskunft über die Partner eines Menschen, insbesondere den Mann oder die Frau, jedoch auch über Geschäftspartner. Auch auf sein Wirken in der Öffentlichkeit und seine Popularität bezieht sich das 7. Haus. Es wird außerdem mit Rechtsstreitigkeiten verknüpft sowie mit offenen Feindschaften.

Das 8. Haus

fixes Wasser-Haus
mittlere, schwankende Wirkintensität
Inhalte: Hier finden wir die Forderungen der Umwelt, Gewinne und Verluste, überraschenden Vermögenszuwachs durch Erbschaften, aber auch schwere Eingriffe und Unglücksfälle, materielle Gefahren und Gefahren für das Leben. Auch der Tod und gewisse Jenseitserlebnisse gehören dazu. Früher nannten die Astrologen das 8. Haus das „Haus des Todes“ und meinten, es zeige die wahrscheinliche Lebensdauer eines Menschen sowie die Art seines Todes an. Moderne Astrologen betrachten es eher als ein „Haus der Regenerierung“, mit allem verbunden, was dem Menschen

auf psychische, geistige oder physische Weise neues Leben gibt.

Das 9. Haus

veränderliches Feuer-Haus
schwache, aber aktive Wirkintensität
Inhalte: Das 9. Haus gibt Auskunft über die Weltanschauung eines Menschen, über seine geistige Gemeinschaft mit der Umwelt, über seine geistigen Wünsche und die Fähigkeit, sie zu verwirklichen. Auch lange, bedeutsame Reisen mit einem ernsthaften Ziel gehören dazu.

Das 10. Haus

kardinales Erd-Haus
starke, stabile Wirkintensität
Inhalte: Dieses Haus ist bedeutsam für die soziale Stellung, die ein Mensch erreichen kann. Man findet Auskunft über seine Beschäftigung und Karriere, seinen beruflichen Status und die damit verbundenen Rechte und Pflichten. Auch die Beziehung zu Vorgesetzten und staatlichen Autoritäten gehört in dieses Haus. Außerdem kennzeichnet es die Mutter eines Menschen.

Das 11. Haus

fixes Luft-Haus
mittlere, bewegliche Wirkintensität
Inhalte: Das 11. Haus ist traditionell als „Haus der Freundschaft“ bekannt. Es beschreibt die Menschen, von denen sich der Horoskopträger von Natur aus angezogen fühlt, und die Art der Beziehung, die er zu ihnen hat. Das Haus enthält auch das soziale Leben und allgemein die Haltung zur Menschheit.

Das 12. Haus

veränderliches Wasser-Haus
schwache, schwankende Wirkintensität
Inhalte: Dieses Haus kennzeichnet Hindernisse aus der Umwelt, geheime Feinde, innere und äußere Widerstände und Hemmnisse und persönliche Hemmungen, die die Durchsetzung in der Umwelt erschweren. Auch geheime Dinge aller Art – z. B. Zugehörigkeit zu Geheimgesellschaften – finden hier ihren Niederschlag. Schließlich bezeichnet dieses Haus jede Sphäre – vom Gefängnis bis zur Armee –, wo Disziplin die Hauptsache ist.

Die Planeten

Die Planeten sind das bewegliche Element im Horoskop. Sie symbolisieren Lebensorgane, Wesenskräfte, Grundkräfte und Aktivitäten des Lebens, Fähigkeiten und Eigenschaften und steuern zum Aufbau des Charakters bei. Diese Kräfte sind ununterbrochen vorhanden, werden jedoch durch den Lauf der Gestirne modifiziert. Um die Planetenprinzipien bestimmen zu können, gruppiert man die Planeten am besten zunächst unter den folgenden Gesichtspunkten:

– Es gibt *sonnenzugewandte und sonnenabgewandte Planeten.*

Sonnenzugewandte, auch innere oder untere Planeten genannt, sind:
Mond, Merkur und Venus.

Sonnenabgewandte, obere oder äußere Planeten sind:
Mars, Jupiter und Saturn.

– Als nächstes wird unterschieden zwischen *schnellaufenden und langsamlaufenden Gestirnen.*

Schnellaufende Gestirne sind:
Mond, Merkur, Venus und Mars.

Langsamlaufende Gestirne sind:
Jupiter, Saturn, Uranus, Neptun und Pluto.

– Wie die Tierkreiszeichen haben auch die Planeten eine bestimmte Wirkrichtung: Sie wirken entweder von innen nach außen oder von außen nach innen, sind also entweder positiv (aktiv, männlich) oder negativ (passiv, weiblich), was durch ein Plus- oder Minuszeichen ausgedrückt wird.

Pluspolarität haben:
Sonne, Mars, Jupiter, Uranus und Pluto.

Minuspolarität haben:
Mond, Venus und Neptun.

Merkur und Saturn können beiden Reihen zugehören: Sie übernehmen die Polarität des Zeichens, in dem sie im Geburtshoroskop stehen.

Früher kannte die Astrologie nur sieben herrschende Planeten. Später wurden weitere entdeckt: Uranus, Neptun und Pluto. Aber schon heute rechnet die Astrologie mit weiteren Planeten innerhalb unseres Sonnensystems. Wenn ein Zeichen oder Haus (siehe 6. Kapitel) von keinem Planeten besetzt ist, bleiben seine Charakteristiken latent. Freigesetzt und damit wirksam werden sie erst durch die Besetzung des Zeichens oder Hauses durch einen oder mehrere Planeten. In diesem Fall tritt eine Wechselbeziehung zwischen Zeichen, Haus und Planet ein: Dieser übernimmt zu seiner Eigennatur die Charakteristiken von Zeichen und Haus. Das kann je nach der Position im Horoskop zu einer Verstärkung, Abschwächung oder scheinbaren Veränderung des Planetenprinzips führen. Die Veränderung ist deshalb nur scheinbar, weil jeder Planet sein Prinzip stets beibehält, dieses aber durch stark gegensätzliche Charakteristiken eines Zeichens oder Hauses so sehr „gefärbt" werden kann, daß die tatsächlich gegebene Überlagerung wie eine Vermischung, also Veränderung wirkt.

Die Planetenherrscher

Symbol	Planet	Polarität	herrscht im Zeichen:	herrscht im Haus:
☉	Sonne	+	Löwe	5. Haus
☾	Mond	–	Krebs	4. Haus
☿	Merkur	gemischt	Zwillinge/ Jungfrau	6. Haus/ 3. Haus
♀	Venus	– –	Stier/ Waage	7. Haus/ 2. Haus
♂	Mars	+	Widder/ Skorpion	8. Haus/ 1. Haus
♃	Jupiter	+	Schütze/ Fische	9. Haus/ 12. Haus
♄	Saturn	–	Steinbock/ Wassermann	10. Haus/ 11. Haus
♆	Neptun	–	Fische	12. Haus
⯓	Pluto	+	Skorpion	8. Haus

Die Planetenprinzipien

Die Sonne

Die Sonne symbolisiert die Lebenskraft, das Ich, den Lebenswillen, die Ausstrahlungskraft. Ihre Wirkeigenschaften sind Vitalität, Furchtlosigkeit, Großherzigkeit.

Der Sonne, das heißt dem Sonnenhaften in uns, entspricht der Drang zur Freiheit und Autonomie, der sich zwischen den Polen gesunder Selbstverwirklichung, narzißtischem Größenwahn oder aber mangelnder Kraft zur Selbstbestimmung bewegen kann. Es besteht eine Beziehung der Sonne zum „Ideal-Ich".

Der Mond

Der Mond symbolisiert das Seelische, Unbewußte, die Gewohnheiten und Reaktionen, darüber hinaus Mutterschaft und Gestaltungskraft. Seine Wirkeigenschaften sind Formung, Sammlung, aber auch Wechselhaftigkeit. Über den Mond haben wir einen Zugang zu den unbewußten Regionen der Seele. Das kann erlebt werden als ahnende Instinktsicherheit, traumhaftes Leben in wirklichkeitsferner Wunschwelt oder als kindliches Steckenbleiben in früher Mutterbindung.

Der Merkur

Der Merkur steht für Intellekt, Verstand und Kommunikation, aber auch für Kritiksucht. Seine Wirkeigenschaften sind Klugheit, analytisches Denken, Berechnung. Mit Merkur orientieren wir uns denkend in der Welt, zwischen den Polen von Erkenntnis, skeptisch relativierender Intellektualität oder aber Denkhemmungen.

Die Venus

Die Venus steht als Symbol für Liebe, Gefühlskraft, Sinnenlust, Leidenschaft, Kunstsinn und Glück. Ihre Wirkeigenschaften betonen das Verbindende und Ausgleichende.

Durch Venus werden wir vom Eros angerührt, sehnen uns nach Harmonie und Schönheit, oder leben passiv und bequem nach dem Lustprinzip.

Der Mars

Der Mars steht für Trieb- und Tatkraft, Mut und Sexualität. Seine Wirkeigenschaften sind Unternehmungs- und Kampfgeist und Initiative.

Durch Mars erleben wir uns als Wollende, konstruktiv oder destruktiv. Er ist das aktiv vorwärtstreibende Prinzip, das aus der Lust in die Tat treibt und die Welt verändern will.

Der Jupiter

Der Jupiter steht für Entfaltung, Entwicklung, Vorausschau, Optimismus, Stolz. Seine Wirkeigenschaften sind Wachstum und Aufbau.

Jupiter symbolisiert das Sinngebende in uns, sei es in religiös-weltanschaulicher oder sozialer Form. In seiner Zerrform macht er uns zum Blender oder Heuchler, der zu scheinen versucht, was er gern sein möchte.

Der Saturn

Der Saturn steht für Erfahrung, Tradition und Durchsetzungsvermögen. Seine Wirkeigenschaften betonen die Konzentrationskraft und die Verteidigung des Bestehenden.

In Saturn begegnen wir dem grenzsetzenden Realitätsprinzip, außen als Notwendigkeit, innen als Gewissensfunktion erlebt. Seine Auswirkung kann liegen zwischen reifer Selbstbeschränkung, zwanghafter Einengung oder zu schwachem „Über-Ich".

Der Uranus

Der Uranus steht für Humanität, Willen und Intuition, auch für Erneuerung. Seine Wirkeigenschaften sind Impulsivität, Reformwille, aber auch Unberechenbarkeit und Exzentrizität.

Der Neptun

Der Neptun symbolisiert den animalischen Urinstinkt, die Inspiration und die Phantasiekraft. Er vermittelt das Erleben grenzüberschreitender Transzendenz, Einfühlung bis zur Mystik, aber auch illusionäre Selbsttäuschungen, Wahn oder chaotische Auflösung des Ichs in Rausch und Sucht.

Der Pluto

Der Pluto symbolisiert Zerstörungskraft. Seine Wirkungsweise ist zerstörend, vernichtend, trennend, explosiv. Er steht für Masse, Massenvernichtung, Massenrevolution, Macht in jeder Form.

Im Pluto begegnen wir archaischen Seelenkräften, die – wie die atomaren Energien – zum Heil oder Unheil eingesetzt werden können.

Die Bedeutung der Planetenpositionen in den zwölf Zeichen und Häusern

Die Sonne

im Zeichen Widder:
Offen, energisch, häufig impulsiv. Gibt mehr auf Tatsachen als auf Wunschvorstellungen. Braucht Erfolgserlebnisse. Neigt auch zu Unbedachtsamkeit.

im Zeichen Stier:
Zuverlässig, tüchtig, stabile Zukunftsperspektiven. Möchte beruflich und privat auf sicherem Boden stehen. Kann in mittleren Jahren übertrieben konservativ werden.

im Zeichen Zwillinge:
Wendig, anpassungsfähig, manchmal sprunghaft. Nicht unbedingt zuverlässig. Braucht immer neue Anregungen, wird sonst leicht gelangweilt, ungeduldig und gereizt.

Im Zeichen Krebs:
Gefühlsbestimmt, reiche Phantasie, zuverlässig. Manchmal überempfindlich. Häuslich. Möchte das Gefühl haben, gebraucht zu werden.

im Zeichen Löwe:
Selbstsicher, will im Vordergrund stehen. Meistens aufrichtig und zuverlässig. Manchmal eitel und durch Schmeicheleien stark beeinflußbar.

im Zeichen Jungfrau:
Kühl, kritisch. Haßt Verstellung und Heuchelei. Hält sich gern im Hintergrund.

im Zeichen Waage:
Freundlich, geschmackvoll, nicht kämpferisch, entschlußschwach. Sucht gern Anschluß oder die Ratschläge einer stärkeren Persönlichkeit.

im Zeichen Skorpion:
Eigenwillig, oft launisch, aber auch selbstkritisch. Heftig in Liebe und Haß. Kann sich für Menschen oder Ideen voll einsetzen.

im Zeichen Schütze:
Freiheitsliebend, reise- und abenteuerlustig. Wendig und neugierig, aber auch sorglos bis tollkühn. Fair und offen.

im Zeichen Steinbock:
Ordentlich, ernst, ehrgeizig. Realist, neigt unter Belastung zu Depressionen. Hohe Ideale, möchte anerkannt und geschätzt werden.

im Zeichen Wassermann:
Selbständig, etwas kühl, vernunftorientiert. Geht gern seine eigenen Wege. Hilfsbereit. Kann außergewöhnlich oder auffallend sein.

im Zeichen Fische:
Empfindsam, sehr anpassungsfähig. Leicht verletzbar. Braucht Liebe, wird durch Hindernisse rasch entmutig.

im 1. Haus:
Meistens warmherzig, liebenswürdig, aber auch eitel.

im 2. Haus:
Oft nüchtern, materiell interessiert, teilt nicht gern.

im 3. Haus:
Mitteilsam, gut im mündlichen und schriftlichen Ausdruck, braucht Geselligkeit.

im 4. Haus:
Das Zuhause spielt eine große Rolle. Traditionsverbunden.

im 5. Haus:
Interessiert an Sport, Theater und viel Unterhaltung.

im 6. Haus:
Organisations- und arbeitsfreudig. Anpassungsfähig, kompromißbereit.

im 7. Haus:
Freundlich, umgänglich. Guter Partner in Führungsrolle, bei notwendiger Unterordnung oft frustriert.

im 8. Haus:
Ernst. An materiellen Dingen, aber auch an den Geheimnissen von Tod und Leben interessiert.

im 9. Haus:
Möchte Neues kennenlernen. Tolerant gegenüber Außenseitern.

im 10. Haus:
Karrierebewußt, gewissenhaft. Als Freund oder Partner oft schwierig.

im 11. Haus:
Freundlich, anteilnehmend, treuer Freund.

im 12. Haus:
Verträumt, feinfühlig, verwundbar. Hilfsbereit, aber wenig ausdauernd.

Der Mond

im Zeichen Widder:
Eigenwillig, ruhelos. Will seinen Willen durchsetzen.

im Zeichen Stier:
Ruhig, ausdauernd, ausgesprochener Schönheitssinn.

im Zeichen Zwillinge:
Wendig, aber unkonzentriert. Nervös, neigt zu Stimmungswechsel.

im Zeichen Krebs:
Sehr sensibel und empfindsam, fürsorglich, häuslich.

im Zeichen Löwe:
Stolz, empfindlich, auf Anerkennung bedacht.

im Zeichen Jungfrau:
Zurückhaltend, auf sich selbst konzentriert, neigt zur Kritik.

im Zeichen Waage:
Gewandt, auf äußere Erscheinungen bedacht. Sucht Harmonie.

im Zeichen Skorpion:
Energisch, Fähigkeit zur Selbstüberwindung. Leidenschaftlich und eifersüchtig.

im Zeichen Schütze:
Beweglich, impulsiv, Offenheit bis zur Selbstschädigung.

im Zeichen Steinbock:
Seelischer Tiefgang. Neigt zu Depressionen und zum Grübeln. Ehrgeizig und aufstrebend.

im Zeichen Wassermann:
Freundlich, kontaktfreudig, geistig aufgeschlossen. Manchmal idealistische Tendenzen, die aber schlecht belohnt werden.

im Zeichen Fische:
Träumerisch. Mitleidig, hat tiefes Verständnis für andere Menschen.

im 1. Haus:
Neigt zu wechselnden Gemütsstimmungen. Schicksal wechselvoll mit manchem Auf und Ab.

im 2. Haus:
Wenig stabile Vermögensverhältnisse. Öffentliches Wirken, Publikumskontakte.

im 3. Haus:
Viele kleinere Reisen, oft berufsbedingt. Oft öffentliches Wirken.

im 4. Haus:
Unruhige Häuslichkeit, eventuell häufiger Ortswechsel.

im 5. Haus:
Im weiblichen Horoskop: sehr starke Beziehung zum Kind. Im männlichen Horoskop: manchmal pädagogische Interessen.

im 6. Haus:
Gesundheitszustand labil. Nervensystem anfällig.

im 7. Haus:
Unschlüssigkeit bei der Partnerwahl. Vielseitige gesellschaftliche Beziehungen, die nicht immer Bestand haben.

im 8. Haus:
Schicksalhafte Trennungen, manchmal Erbschaftsschwierigkeiten. Anfällig für Depressionen.

im 9. Haus:
Reisen sind schicksalswichtig. Streben nach Wechsel und Veränderung.

im 10. Haus:
Oft beruflich viel auf Reisen. Manchmal nur „Brotberuf“, während die wirklichen Interessen ganz anderer Art sind.

im 11. Haus:
Vielseitige Kontakte zur Umwelt, die oft vorteilhaft und nützlich sind.

im 12. Haus:
Neigung zu Depressionen und Neurosen. Persönlichkeitsentfaltung oft schon in früher Jugend gehemmt.

Der Merkur

im Zeichen Widder:
Scharfer Intellekt, erfinderisch, ehrgeizig. Geistig etwas ruhelos, voller Ideen und Pläne.

im Zeichen Stier:
Gründlich, manchmal starrsinnig. Lernt nicht gern und nicht leicht. Ausdauernd und geduldig.

im Zeichen Zwillinge:
Gewandter Intellekt, vielseitig, nicht sehr konzentriert. Oft gute Fremdsprachenbegabung. Braucht Anregungen.

im Zeichen Krebs:
Sehr gutes Gedächtnis, ausgeprägte Phantasie. Neigt aber zu Stimmungsschwankungen und Launen.

im Zeichen Löwe:
Offenherzig, sympathisch. Verlangen nach geistiger Führung.

im Zeichen Jungfrau:
Gutes Sprachgefühl, Genauigkeit, Begabung für Mathematik.

im Zeichen Waage:
Rasch erfassend, beobachtend, vergleichend. Ausgesprochener Gerechtigkeitssinn. Liebe zu den Künsten.

im Zeichen Skorpion:
Scharfer Intellekt. Fast immer Interessen für Okkultismus und philosophische Lebensfragen.

im Zeichen Schütze:
Reich an Ideen und Einfällen, sehr freimütig. Etwas unstet in der gesamten Haltung.

im Zeichen Steinbock:
Logisch, objektiv. Wenig Phantasie, gründlicher, klarer Verstand. Neigt zum Grübeln und zu Depressionen.

im Zeichen Wassermann:
Intuition, beweglicher Intellekt, psychologische Begabung. Verlangt nach Gerechtigkeit und geistiger Unabhängigkeit.

im Zeichen Fische:
Gefühlsbetont, phantasiegesteuert, intuitiv. Läßt sich leicht täuschen oder täuscht sich selbst. Gutherzig.

im 1. Haus:
Lebhaft und wendig. Gefahr der Sprunghaftigkeit.

im 2. Haus:
Geschäftstüchtig, aber Gefahr der Karrieresucht.

im 3. Haus:
Kontaktfreudig, beredt, auf Weiterbildung bedacht.

im 4. Haus:
Stark dem Zuhause und der Vergangenheit verhaftet.

im 5. Haus:
Interessiert an Sport und Spielen. Guter Kontakt zu jungen Leuten.

im 6. Haus:
Besorgt um Gesundheit, auf Sauberkeit und Perfektion bedacht. Manchmal kritischer Esser.

im 7. Haus:
Nachgiebig, möchte angenehm wirken. Bevorzugt geistig anregende Partner.

im 8. Haus:
Oft Beschäftigung mit dem Okkulten, mit Grundfragen von Leben und Tod.

im 9. Haus:
Auf Horizonterweiterung bedacht, oft sprachbegabt. Gelegentlich Übertreibungen. Will andere überreden, „bekehren".

im 10. Haus:
Beruflich ehrgeizig, wechselt notfalls wiederholt die Stellung. Gefahr innerer Unrast und äußerer Gehetztheit.

im 11. Haus:
Guter Gesellschafter, viele Bekannte, aber eher „Kumpels" als Freunde.

im 12. Haus:
Intuitiv, neigt zur Abkapselung. Oft entschlußschwach.

Die Venus

im Zeichen Widder:
Impulsiv und leidenschaftlich, „Liebe auf den ersten Blick". Wenig echte Stabilität in Ehe und Liebe.

im Zeichen Stier:
Hingabefähig, treu und anhänglich. Viel Schönheitssinn, Liebe zur Musik.

im Zeichen Zwillinge:
Vielseitige Bindungen und schnelle Bekanntschaften, oft durch Korrespondenz. Frühzeitiger Eheschluß. Manchmal Parallelbindungen.

im Zeichen Krebs:
Strebt nach Harmonie. Ist beim richtigen Partner sehr anhänglich und fürsorglich. Viel Phantasie. Oft auch mediale Veranlagung.

im Zeichen Löwe:
Impulsiv und leidenschaftlich. Großmütig und idealistisch auch in der Liebe. Erfolg durch gesellschaftliche Talente, manchmal auch durch Spekulationen.

im Zeichen Jungfrau:
Oft gehemmt oder spröde, manchmal auch berechnend. Erscheint nach außen kühl, hat aber viel Mitgefühl.

im Zeichen Waage:
Kunstsinn oder künstlerische Begabung. Beliebt und populär, aber nicht selten etwas eitel.

im Zeichen Skorpion:
Leidenschaftliche Sinnlichkeit. Eifersüchtig, aber auch fähig zu starker Selbstbeherrschung.

im Zeichen Schütze:
Zersplitterung der Gefühle und Vielseitigkeit der Beziehungen. Oft mehrere Eheschlüsse. Liebe zu den Künsten.

im Zeichen Steinbock:
Ernste, tiefgehende Bindungen. Treu und zuverlässig. Der Partner ist oft älter und reifer. Oft Tendenz zu Eifersucht.

im Zeichen Wassermann:
Ungebundene Auffassung über Liebe und Erotik. Freiheitsdrang auch auf dem Gefühlssektor. Verzögerter Eheschluß.

im Zeichen Fische:
Gefühlvoll, hilfsbereit und opferfähig. In Liebesangelegenheiten häufig Enttäuschungen und viel Unruhe.

im 1. Haus:
Meistens charmant und gut aussehend. Gefahr der Eitelkeit. Interesse an Kunst und Mode.

im 2. Haus:
Auf Erwerb und Besitz bedacht. Guter Gastgeber, geschmackvoll und schöpferisch.

im 3. Haus:
Gesellig, umgänglich. Guter Kontakt zu Geschwistern und gleichaltrigen Verwandten.

im 4. Haus:
Schätzt ein kultiviertes Zuhause (oft viele Pflanzen), guter Geschmack.

im 5. Haus:
Kreativ und kunstliebend. Kinderlieb; hat oft ein außergewöhnliches Kind.

im 6. Haus:
Starkes Interesse an Gesundheitsfragen, kann zum Fitneß-Fanatiker oder Hypochonder werden.

im 7. Haus:
Liebt frohe, entspannte Atmosphäre! Macht gerne andere glücklich. Kann nach Enttäuschungen tiefen Groll hegen.

im 8. Haus:
Stark erotisch, aber meistens auf einen Partner konzentriert. Oft besitzergreifend, kann unverhofft zu Geld kommen.

im 9. Haus:
Aufrichtig, fair, manchmal zu leichtgläubig. Bindungen ans Ausland, an Ausländer möglich.

im 10. Haus:
Gute Beziehungen zu anderen Menschen, auch zu den Eltern. Wenig karrierebewußt, aber Erfolg in Berufen, die anderen Freude bringen.

im 11. Haus:
Verständnisvoll, verschwiegen, diplomatisch. Aktiv und erfolgreich im Klub- und Vereinsleben.

im 12. Haus:
Bevorzugt reges Leben und Zurückgezogenheit. Starke Phantasie. Kann heimliche Bindungen haben.

Der Mars

im Zeichen Widder:
Durchsetzungswillen, Tatkraft, Ungeduld, Reizbarkeit. Sportinteressen. Aufbrausendes Temperament.

im Zeichen Stier:
Entschieden und beharrlich. Die Energie wächst mit den Schwierigkeiten. Verlangen nach materieller Absicherung.

im Zeichen Zwillinge:
Oft unruhiges Berufsschicksal mit vielfachem Stellenwechsel. Gewandt in Debatten, zuweilen etwas scharf im Ausdruck, zum Sarkasmus neigend.

im Zeichen Krebs:
Schwankende Willenskurven. Mehr aktive Phantasie als echte Tat. Ehrgeiz, viel Stellungswechsel.

im Zeichen Löwe:
Heftiger Energieeinsatz, Tatbegeisterung. Innerlich unbeugsam – besonders bei Widerspruch. Ehrlich, freimütig.

im Zeichen Jungfrau:
Überlegt und vorsichtig, aber leicht reizbar und kritisch. Auseinandersetzungen mit der Umwelt.

im Zeichen Waage:
Ehrgeizig, Verlangen, „an die Spitze zu kommen". Impulsive Heiraten.

im Zeichen Skorpion:
Autoritär, manchmal übereilt. Schwierigkeiten steigern den Energieeinsatz. Tiefgründige Leidenschaften.

im Zeichen Schütze:
Begeisterungsfähigkeit, Gerechtigkeitsgefühl. Offenherzig bis zur Selbstschädigung. Impulsiv, unüberlegte Handlungen.

im Zeichen Steinbock:
Geduld, Zähigkeit, Ausdauer. Ehrgeizig und nach Aufstieg strebend. Verantwortungsbereitschaft, manchmal Neigung zur Selbstüberschätzung.

im Zeichen Wassermann:
Kampf für Humanität und Gerechtigkeit. Weltverbesserungsideen. Originelle Mentalität. Ansichten kollidieren oft mit denen der Umwelt.

im Zeichen Fische:
Empfindlich und verletzlich. Vielseitige heimliche Liebesbeziehungen. Manchmal träge, labil.

im 1. Haus:
Schwungvoll, meistens sportlich. Impulsiv, ungeduldig. Unfallgefahr!

im 2. Haus:
Ehrgeizig, erstrebt (und erreicht oft) materiellen Erfolg. Oft laute Stimme.

im 3. Haus:
Wissensdurstig, wagemutig, kann viel Unruhe stiften und aggressiv sein.

im 4. Haus:
Angehörigen gegenüber herzlich und hilfsbereit. Energiegeladen, braucht ein entsprechendes Hobby.

im 5. Haus:
Sportlich, wagemutig, oft Spielernatur. Verliebt sich rasch, doch meistens nur oberflächlich.

im 6. Haus:
Ausdauernd, tatkräftig. Gesundheit meistens stabil.

im 7. Haus:
Umgänglich, warmherzig, kontaktfreudig. Tendenz zu früher Heirat.

im 8. Haus:
Triebstark, neigt zur Eifersucht. Oft Interesse für Geheimnisvolles, Rätselhaftes.

im 9. Haus:
Sportlich, reisefreudig. Bei Ungerechtigkeit leicht aggressiv.

im 10. Haus:
Karrierebewußt, strebt an die Spitze. Starre Berufshierarchien frustrieren ihn.

im 11. Haus:
Unternehmungslustig, tatkräftig. Großzügiger Einsatz für Freunde, doch können Freundschaften an vielfältigen Reibereien zerbrechen.

im 12. Haus:
Zurückhaltend, aufopfernd. Lebt oft in einer Welt der Selbsttäuschung.

Der Jupiter

im Zeichen Widder:
Energie, Gerechtigkeitssinn. Impulsiv und ungeduldig.

im Zeichen Stier:
Dieser Einfluß wirkt sich mäßigend auf alle übrigen Horoskopkonstellationen aus, soweit sie übertreibend oder sonstwie negativ sind.

im Zeichen Zwillinge:
Optimismus und geistiger Lebensmut. Reiseliebe, Interesse für Geisteswissenschaften und religiös-philosophische Fragen.

im Zeichen Krebs:
Einlenkend und vermittelnd, höflich und verständnisbereit. Vorsichtige Lebensplanung.

im Zeichen Löwe:
Strebt nach Aufstieg und gesellschaftlicher Beachtung. Manchmal Neigung zur Unmäßigkeit und Vergnügungssucht.

im Zeichen Jungfrau:
Oft pädagogische Fähigkeiten.

im Zeichen Waage:
Ausgleichend, gerechtigkeitsliebend. Etwas zu selbstbewußt.

im Zeichen Skorpion:
Sehr selbstbewußt, zur Arroganz neigend. Intensive Leidenschaften.

im Zeichen Schütze:
Verlangen nach Freiheit, Ungebundenheit. Häufiger Stellenwechsel. Starke philosophische Interessen. Reiselust.

im Zeichen Steinbock:
Muß viele Bewährungsproben bestehen. Ehrgeizig und sparsam.

im Zeichen Wassermann:
Begünstigung über Freunde, Verbindungen und Protektionen. Sehr oft öffentliche Positionen.

im Zeichen Fische:
Seelisch verfeinerte Menschen. Großes soziales Verständnis, Liebe zum Okkulten. Mediale Veranlagung.

im 1. Haus:
Selbstsicher, gelassen. Bei guter Aspektierung: Glücksfälle. Bei Aspektverletzung: unbedacht, Gewichtsprobleme.

im 2. Haus:
Kann materiell viel Glück haben, durch Auslandskontakte zu Geld kommen.

im 3. Haus:
Meistens guter Schüler. Gute Beziehungen zu Geschwistern, durch sie Glücksfälle möglich. Chancen auf Reisen.

im 4. Haus:
Meistens schöne Kindheit, gutes Verhältnis zu den Eltern. Längerer Aufenthalt in der Fremde möglich.

im 5. Haus:
Freude an Liebe, Freizeitvergnügen und Sport. Manchmal Spielernatur.

im 6. Haus:
Oft Beruf, der sehr lohnend ist. Meistens stabile Gesundheit.

im 7. Haus:
Glück in geschäftlichen oder privaten Partnerschaften möglich. Oft späte Heirat oder mehrere Ehen.

im 8. Haus:
Erbschaften oder Vermehrung von fremdem Geld durch glückliche Investitionen. Einsatz für ein hohes Ideal möglich.

im 9. Haus:
Gutmütig, aufrichtig. Häufig sprachbegabt. Auslandskontakte. Materielle Förderung durch ausgedehnte Reisen möglich.

im 10. Haus:
Chancen in Beruf und Politik. Oft schauspielerisch begabt. Gefahr der Unbedachtsamkeit.

im 11. Haus:
Beliebt, findet rasch Kontakt. Kann durch gesellschaftliche Verbindungen Förderung erfahren.

im 12. Haus:
Zurückhaltend, vielleicht sehr religiös. Materiell oft wenig Erfolg, ist jedoch zufrieden.

Der Saturn

im Zeichen Widder:
Egozentrisch und widerspenstig. Der Wille, andere zu führen, bringt oft einen Mangel an Verträglichkeit und Geduld mit sich.

im Zeichen Stier:
Praktiker, Realist. Zäher Wille, Verlangen nach Solidität. Oft langsam und umständlich.

im Zeichen Zwillinge:
Mitunter depressiv, Neigung zu Sorgen und Ängstlichkeit.

im Zeichen Krebs:
Seelische Tiefe, Sparsamkeit. Verlangen nach Ruhe und Sicherheit. Oft liegen die Ziele höher als die eigene Befähigung.

im Zeichen Löwe:
Oft hohe Ideale, aber quälende Pflichten. Manchmal Neigung zur Selbstüberschätzung. Nicht sehr verträglich.

im Zeichen Jungfrau:
Starke geistige Kraft, die in die Tiefe geht. Neigung zu Pedanterie und Nörgelsucht.

im Zeichen Waage:
Zuverlässig, pflichtbewußt, mit seelischem und geistigem Tiefgang. Oft künstlerisch begabt.

im Zeichen Skorpion:
Zäh und willensstark. Entschlossenheit und Ausdauer garantieren den Aufstieg.

im Zeichen Schütze:
Philosophische Interessen. Häufig öffentliche Positionen mit Einfluß auf andere Menschen.

im Zeichen Steinbock:
Oft harter Durchsetzungskampf in der ersten Lebenshälfte. Geduldig im Ertragen von Schwierigkeiten.

im Zeichen Wassermann:
Interesse an Geheimwissenschaften und Okkultismus. Befähigung zu intuitiver Menschenkenntnis.

im Zeichen Fische:
Grüblerisch, nach Erkenntnis suchend. Sensibel, sucht Ruhe und Frieden. Häufig ein Mensch, der irgendwie gezwungen ist, „im Hintergrund" zu bleiben.

im 1. Haus:
In jungen Jahren manchmal gehemmt und unsicher.

im 2. Haus:
Auf materielle Sicherheit bedacht, sparsam. Berufliches Fortkommen nur durch angestrengten Einsatz.

im 3. Haus:
Lernt gewissenhaft, aber schwer. Oft Sorgen mit unmittelbarer Umgebung (Geschwistern).

im 4. Haus:
Manchmal wenig erfreuliche Kindheit. Schließt sich gern zu Hause ab.

im 5. Haus:
Manchmal strenger Vater. Sorgen mit Kindern (Krankheiten, Körperschäden) möglich.

im 6. Haus:
Um Gesundheit und Beruf besorgt. Führt Begonnenes stets zu Ende.

im 7. Haus:
Späte Heirat oder Ehe mit älterem Partner möglich.

im 8. Haus:
Vorsichtig in Beruf und Gelddingen. Interesse für religiöse Fragen möglich. In Liebesdingen manchmal gehemmt.

im 9. Haus:
Konzentriertes Denken, sehr ernst. Verluste und Enttäuschungen durch Reisen möglich.

im 10. Haus:
Auf Aufstieg und Anerkennung bedacht, kann aus Ehrgeiz rücksichtslos werden.

im 11. Haus:
Oft eingleisig im Denken und Wollen (Karriere-Ehrgeiz). Förderung durch ältere Freunde möglich.

im 12. Haus:
Schließt sich oft nach außen hin ab. Kann durch unbekannte Menschen Schwierigkeiten bekommen.

Der Uranus

im Zeichen Widder:
Strebt nach führender Position. Hindernisse können zu Gefühlsexplosionen führen. Wagemutig, manchmal sprunghaft.

im Zeichen Stier:
Entschlossen, eigenwillig. Kann Ziele hartnäckig verfolgen. Oft bemerkenswerte Stimme.

im Zeichen Zwillinge:
Ideenreich, flüssig im Ausdruck. Vielleicht wissenschaftlich begabt.

im Zeichen Krebs:
Eher passiv als aktiv eingestellt. Oft an schönem Zuhause und gutem Essen interessiert.

im Zeichen Löwe:
Oft hervorragende Führungsqualitäten, die aber nicht immer richtig eingesetzt werden. Kann sehr eigenwillig sein.

im Zeichen Jungfrau:
Sich selbst und anderen gegenüber oft überkritisch. Mitunter Neigung zu ausgefallenen Ansichten über Gesundheit und Ernährung.

im Zeichen Waage:
Gerechtigkeitsliebend. Starker Wunsch nach Partnerschaft mit innerer Bindung.

im Zeichen Skorpion:
Kann sich für eine Sache oder Idee einsetzen. Oft gefühlsstark, manchmal mit magnetischer Anziehungskraft.

im Zeichen Schütze:
Beweglich und umgänglich. Oft origineller Denker. Zielbewußtes, planvolles Handeln. Fähigkeit zu kultiviertem Genuß.

im Zeichen Steinbock:
Starke Willenskraft, Kämpfernatur, oft starke Persönlichkeit. Bei Aspektverletzung oft machthungrig, rücksichtslos, auch Neigung zu Alkohol oder Alkoholikern.

im Zeichen Wassermann:
Originell, ideenreich, oft wissenschaftlich interessiert. Kann häufig weitgesteckte Ziele nicht befriedigend verwirklichen.

im Zeichen Fische:
Einfühlsam, verständnisvoll. Auf das Wohlergehen seiner Mitmenschen bedacht.

im 1. Haus:
Individualist mit eigenwilligem Lebensstil. Möglicherweise ungewöhnliches oder auffallendes Äußeres.

im 2. Haus:
Legt keinen großen Wert auf persönlichen Besitz. Kann den Lebensunterhalt auf außergewöhnliche Weise verdienen.

im 3. Haus:
Abwechslungsreiche, anregende Schulzeit. Vielleicht originelle pädagogische Ideen.

im 4. Haus:
Möglicherweise unruhige Kindheit oder ein exzentrisches Elternteil. Später Umzüge oder Auslandsaufenthalte.

im 5. Haus:
Häufige Veränderungen im Liebesleben möglich.

im 6. Haus:
Leidet möglicherweise an einer seltenen Krankheit. Oft unberechenbar, wählerisch beim Essen.

im 7. Haus:
Stellt sich rasch auf Umweltveränderungen ein. In Liebe und Ehe ungewöhnliche Partner.

im 8. Haus:
Kann auf ungewöhnlichen Wegen zu Geld kommen, aber auch viel Geld verlieren. Oft Interesse für Okkultes.

im 9. Haus:
Reisen mit ungewöhnlichen Erlebnissen. Unfälle!

im 10. Haus:
Meistens anpassungsfähig, weitblickender Planer.

im 11. Haus:
Oft unkonventionelle Freunde. Schätzt geistige Beziehungen, wünscht nur wenige Gefühlsbindungen.

im 12. Haus:
Tendenz zur Abkapselung. Vom Außergewöhnlichen angezogen. Gefahr eines exzentrischen Verhaltens.

Der Neptun

im Zeichen Zwillinge:
Phantasievoll, manchmal phantastisch. Häufig unpraktisch. Interesse an Okkultismus und fremden Religionen.

im Zeichen Krebs:
Neigt zur Flucht vor der Wirklichkeit. Liebt den Luxus und die Annehmlichkeiten des Lebens.

im Zeichen Löwe:
Wagemutig, stolz und freiheitsliebend. Bei Aspektverletzung Tendenz zu Schwäche und Feigheit oder zu Egoismus und Brutalität.

im Zeichen Jungfrau:
Manchmal prophetische Vorausschau. Steht meistens orthodoxen Religionen und überkommenen Ansichten sehr skeptisch gegenüber.

im Zeichen Waage:
Idealistisch, etwas wirklichkeitsfremd. Manchmal Flucht vor der Realität (Gefahr der Drogenabhängigkeit). Oft nicht sonderlich stark ausgeprägtes Pflichtbewußtsein.

im Zeichen Skorpion:
Sinn für soziale Gerechtigkeit. Bei Aspektverletzung Tendenz zu Hinterhältigkeit und Grausamkeit.

im Zeichen Schütze:
Wacher Intellekt, fühlt sich aber auch häufig von utopischen Vorstellungen angezogen.

im Zeichen Steinbock:
Fähigkeit zur Verwirklichung intuitiver Erkenntnisse und idealistischer Ziele.

im 1. Haus:
Wenig entschlußfreudig, nicht sehr praktisch veranlagt. Oft hohe Ideale, die jedoch verschüttet sein können. Kunstinteresse.

im 2. Haus:
Meistens Idealist, macht sich nur wenig aus Geld.

im 3. Haus:
Reiche Phantasie, kann sich aber in Wunschvorstellungen verlieren.

im 4. Haus:
Nicht sonderlich ordnungsliebend. Kann einem Elternteil innerlich eng verbunden sein. Braucht viel Zärtlichkeit und Rücksichtnahme.

im 5. Haus:
Etwas wirklichkeitsfremd, verliert sich gern in Phantasiewelten außerhalb der eigenen Phantasie (Romane, Film).

im 6. Haus:
Beruflich nicht sehr ehrgeizig. Neigung zur Bequemlichkeit. Vorsicht vor Medikamentenmißbrauch.

im 7. Haus:
Braucht zärtlichen und einfühlsamen Partner. Bei unvorhergesehenen Schwierigkeiten Trennungstendenz.

im 8. Haus:
In finanziellen Angelegenheiten häufig unbedacht. Häufig ausgeprägte Einbildungskraft und Fähigkeit zu intuitiven Erkenntnissen.

im 9. Haus:
Träumt gerne von Reisen, vor allem Seereisen. Hat viele gute Absichten, die jedoch häufig nicht verwirklicht werden.

im 10. Haus:
Möglichkeit wiederholter Berufs- oder Stellenwechsel. Tendenz zu plötzlichen tiefgreifenden Veränderungen in der Lebensweise.

im 11. Haus:
Im kleinen Kreis freundlich und umgänglich, kommt aber oft mit größeren Menschengruppen nicht zurecht. Kann bei

Aspektverletzung von Freunden und Bekannten jäh im Stich gelassen werden.

im 12. Haus:
Menschen und Tieren gegenüber warmherzig, sucht und findet Kontakt.

Der Pluto

im Zeichen Zwillinge:
Selbstsicher, einfallsreich, wagemutig. Bei Aspektverletzung Möglichkeit wiederholter Wechsel im Berufsleben, auch Tendenz zu Partnerwechsel.

im Zeichen Krebs:
Reiches Innenleben, oft lebhafte Träume und Phantasien. Kann entschieden für neue Ideen eintreten.

im Zeichen Löwe:
Oft ausgeprägter Wunsch nach Beeinflussung oder Beherrschung anderer Menschen. Bei Aspektverletzung nicht selten rücksichtslos, empfindlich und insgesamt unreif.

im Zeichen Jungfrau:
An Gesundheit und Medizin interessiert. Bei guter Aspektierung Aussicht auf materiellen Erfolg.

im Zeichen Waage:
Vernunftorientiert, auf vernünftige Problemlösung bedacht.

im 1. Haus:
Will gebraucht werden oder im Leben eine „Mission“ erfüllen können. Bei Aspektverletzung Belastung durch seelische Probleme und innere Kämpfe.

im 2. Haus:
Persönlich und materiell auf Absicherung bedacht. Kann bei guter Aspektierung in geschäftlichen Angelegenheiten eine glückliche Hand haben.

im 3. Haus:
Möglicherweise Probleme in Schule und Ausbildung.

im 4. Haus:
Möglicherweise Probleme innerhalb der Familie, kann launenhaft und aufbrausend sein.

im 5. Haus:
Interessiert an Sport und Spiel. Möglicherweise zahlreiche Liebesaffären.

im 6. Haus:
Außergewöhnlich arbeitsam und tüchtig. Interessiert an Gesundheitsproblemen. Bei Aspektverletzung: Eine schwere oder langwieriger Erkrankung kann einen Einschnitt im Leben bewirken.

im 7. Haus:
Kann ein anstrengender Partner sein! Knüpft vielleicht Beziehungen an, die nichts einbringen.

im 8. Haus:
Manchmal Fähigkeit zu analytischem, streng logischem Denken, aber auch Möglichkeit intuitiver Einsichten mit Interesse am Übernatürlichen.

im 9. Haus:
Kann sich stark zum Ausland hingezogen fühlen, aber auch durch einen Ausländer Probleme bekommen. Interesse an pädagogischen Problemen.

im 10. Haus:
Guter Geschäftssinn, aber Unentschlossenheit hinsichtlich der Berufswahl.

im 11. Haus:
Ein guter Kamerad und Freund, der für andere auch Belastungen auf sich nimmt.

im 12. Haus:
Zieht sich gern in eine Traumwelt zurück, kann anfällig für Rauschgifte oder Alkohol sein.

Erstellung und Deutung eines Horoskops

In diesem Kapitel werden schrittweise die Erstellung und Deutung eines Horoskops erläutert und anhand eines Beispiels illustriert.

Erster Schritt:
Notieren Sie Datum, Uhrzeit und Ort der Geburt.

Beispiel:
Brigitte S., geboren am 5. 7. 1958 um 11.40 Uhr in Bremen.

Zweiter Schritt:
Ermitteln Sie die Ortszeit.

Die Geburtszeit wird bei uns in MEZ (Mitteleuropäische Zeit) angegeben. Die MEZ wird zunächst in Weltzeit (WZ) umgerechnet: Dazu wird von der MEZ einfach eine Stunde abgezogen. Dabei müssen Sie beachten, daß in bestimmten Jahren in Deutschland Sommerzeit herrschte. Wer innerhalb dieser Sommerzeit geboren ist, muß nochmals eine Stunde, bei doppelter Sommerzeit sogar zwei Stunden abziehen.

Eine Tabelle mit Angaben über die Sommerzeit finden Sie auf S. 111.

Zur Ermittlung der Ortszeit müssen Sie die geographische Länge (Entfernung vom Nullmeridian) des Geburtsortes kennen und dann pro Grad vier Minuten zur WZ hinzuzählen. Die Länge (und Breite) des Geburtsortes finden Sie im Atlas.

Beispiel:
MEZ: 11.40
WZ = MEZ – 1 Stunde = 10.40
(1958 herrschte keine Sommerzeit)
geographische Länge von Bremen: 8°48′ = ca. 9 Grad
$9 \times 4 = 36$
WZ + 36 Minuten = 11.16
Ortszeit = 11.16

Dritter Schritt:
Ermitteln Sie die genaue Sternzeit. Sie erhalten sie, wenn Sie zur Ortszeit die Sternzeit des Geburtstages hinzuzählen. Beträgt die errechnete Zeit mehr als 24 Stunden, ziehen Sie 24 Stunden von der Gesamtsumme ab, um die richtige Sternzeit zu erhalten.
Sternzeit-Tabellen finden Sie auf den folgenden Seiten.
Exakt sind die Tabellen für die Jahre 1903, 1907, 1911, 1915, 1919, 1923, 1927, 1931, 1935, 1939, 1943, 1947, 1951, 1955, 1959, 1963, 1967, 1971, 1975, 1979, 1983, 1987, 1991, 1995.
Für die Zwischenjahre gilt die Faustregel:
1 Jahr früher = + 1 Minute
2 Jahre früher= + 2 Minuten
1 Jahr später = – 1 Minute.

Sternzeittabelle

Januar		Februar		März	
Tag	SZ h m	Tag	SZ h m	Tag	SZ h m
1.	6 41	1.	8 43	1.	10 33
2.	6 45	2.	8 47	2.	10 37
3.	6 49	3.	8 51	3.	10 41
4.	6 53	4.	8 55	4.	10 45
5.	6 56	5.	8 59	5.	10 49
6.	7 00	6.	9 03	6.	10 53
7.	7 04	7.	9 07	7.	10 57
8.	7 08	8.	9 10	8.	11 01
9.	7 12	9.	9 14	9.	11 05
10.	7 16	10.	9 18	10.	11 09
11.	7 20	11.	9 22	11.	11 13
12.	7 24	12.	9 26	12.	11 17
13.	7 28	13.	9 30	13.	11 21
14.	7 32	14.	9 34	14.	11 25
15.	7 36	15.	9 38	15.	11 28
16.	7 40	16.	9 42	16.	11 32
17.	7 44	17.	9 46	17.	11 36
18.	7 48	18.	9 50	18.	11 40
19.	7 52	19.	9 54	19.	11 44
20.	7 56	20.	9 58	20.	11 48
21.	8 00	21.	10 02	21.	11 52
22.	8 03	22.	10 06	22.	11 56
23.	8 07	23.	10 10	23.	12 00
24.	8 11	24.	10 14	24.	12 04
25.	8 15	25.	10 18	25.	12 08
26.	8 19	26.	10 21	26.	12 12
27.	8 23	27.	10 25	27.	12 16
28.	8 27	28.	10 29	28.	12 20
29.	8 31			29.	12 24
30.	8 35			30.	12 28
31.	8 39			31.	12 32

Sternzeittabelle

April		Mai		Juni	
Tag	SZ h m	Tag	SZ h m	Tag	SZ h m
1.	12 36	1.	14 34	1.	16 36
2.	12 39	2.	14 38	2.	16 40
3.	12 43	3.	14 42	3.	16 44
4.	12 47	4.	14 46	4.	16 48
5.	12 51	5.	14 50	5.	16 52
6.	12 55	6.	14 53	6.	16 56
7.	12 59	7.	14 57	7.	17 00
8.	13 03	8.	15 01	8.	17 04
9.	13 07	9.	15 05	9.	17 08
10.	13 11	10.	15 09	10.	17 11
11.	13 15	11.	15 13	11.	17 15
12.	13 19	12.	15 17	12.	17 19
13.	13 23	13.	15 21	13.	17 23
14.	13 27	14.	15 25	14.	17 27
15.	13 31	15.	15 29	15.	17 31
16.	13 35	16.	15 33	16.	17 35
17.	13 39	17.	15 37	17.	17 39
18.	13 43	18.	15 41	18.	17 43
19.	13 46	19.	15 45	19.	17 47
20.	13 50	20.	15 49	20.	17 51
21.	13 54	21.	15 53	21.	17 55
22.	13 58	22.	15 57	22.	17 59
23.	14 02	23.	16 01	23.	18 03
24.	14 06	24.	16 04	24.	18 07
25.	14 10	25.	16 08	25.	18 11
26.	14 14	26.	16 12	26.	18 15
27.	14 18	27.	16 16	27.	18 19
28.	14 22	28.	16 20	28.	18 22
29.	14 26	29.	16 24	29.	18 26
30.	14 30	30.	16 28	30.	18 30
		31.	16 32		

Sternzeittabelle

Juli		August		September	
Tag	SZ h m	Tag	SZ h m	Tag	SZ h m
1.	18 34	1.	20 37	1.	22 39
2.	18 38	2.	20 40	2.	22 43
3.	18 42	3.	20 44	3.	22 47
4.	18 46	4.	20 48	4.	22 51
5.	18 50	5.	20 52	5.	22 54
6.	18 54	6.	20 56	6.	22 58
7.	18 58	7.	21 00	7.	23 02
8.	19 02	8.	21 04	8.	23 06
9.	19 06	9.	21 08	9.	23 10
10.	19 10	10.	21 12	10.	23 14
11.	19 14	11.	21 16	11.	23 18
12.	19 18	12.	21 20	12.	23 22
13.	19 22	13.	21 24	13.	23 26
14.	19 26	14.	21 28	14.	23 30
15.	19 29	15.	21 32	15.	23 34
16.	19 33	16.	21 36	16.	23 38
17.	19 37	17.	21 40	17.	23 42
18.	19 41	18.	21 44	18.	23 46
19.	19 45	19.	21 47	19.	23 50
20.	19 49	20.	21 51	20.	23 54
21.	19 53	21.	21 55	21.	23 58
22.	19 57	22.	21 59	22.	0 02
23.	20 01	23.	23 03	23.	0 05
24.	20 05	24.	22 07	24.	0 09
25.	20 09	25.	22 11	25.	0 13
26.	20 13	26.	22 15	26.	0 17
27.	20 17	27.	22 19	27.	0 21
28.	20 21	28.	22 23	28.	0 25
29.	20 25	29.	22 27	29.	0 29
30.	20 29	30.	22 31	30.	0 33
31.	20 33	31.	22 35		

Sternzeittabelle

Oktober		November		Dezember	
Tag	SZ h m	Tag	SZ h m	Tag	SZ h m
1.	0 37	1.	2 39	1.	4 37
2.	0 41	2.	2 43	2.	4 41
3.	0 45	3.	2 47	3.	4 45
4.	0 49	4.	2 51	4.	4 49
5.	0 53	5.	2 55	5.	4 53
6.	0 57	6.	2 59	6.	4 57
7.	1 01	7.	3 03	7.	5 01
8.	1 05	8.	3 07	8.	5 05
9.	1 09	9.	3 11	9.	5 09
10.	1 12	10.	3 15	10.	5 13
11.	1 16	11.	3 19	11.	5 17
12.	1 20	12.	3 23	12.	5 21
13.	1 24	13.	3 27	13.	5 25
14.	1 28	14.	3 30	14.	5 29
15.	1 32	15.	3 34	15.	5 33
16.	1 36	16.	3 38	16.	5 37
17.	1 40	17.	3 42	17.	5 41
18.	1 44	18.	3 46	18.	5 45
19.	1 48	19.	3 50	19.	5 48
20.	1 52	20.	3 54	20.	5 52
21.	1 56	21.	3 58	21.	5 56
22.	2 00	22.	4 02	22.	6 00
23.	2 04	23.	4 06	23.	6 04
24.	2 08	24.	4 10	24.	6 08
25.	2 12	25.	4 14	25.	6 12
26.	2 16	26.	4 18	26.	6 16
27.	2 20	27.	4 22	27.	6 20
28.	2 23	28.	4 26	28.	6 24
29.	2 27	29.	4 30	29.	6 28
30.	2 31	30.	4 34	30.	6 32
31.	2 35			31.	6 36

Beispiel:

OZ 11.16 + 18.51 = 30.07

−24.00

SZ = 6.07

Vierter Schritt:

Fertigen Sie sich eine Kopie des unten abgebildeten Horoskopschemas an. Wer öfter Horoskope stellen will, sollte sich gleich mehrere Kopien machen lassen!

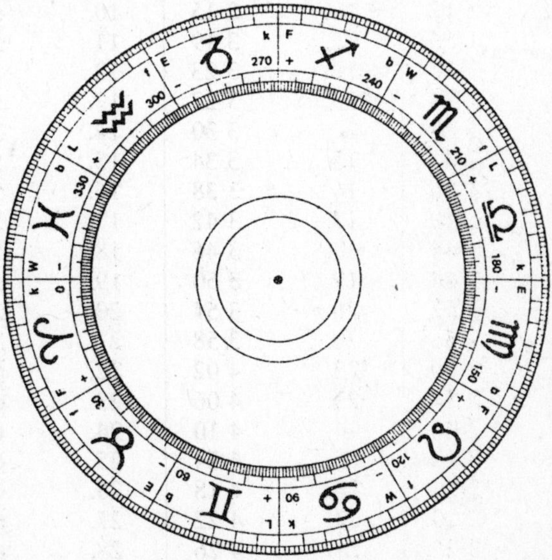

Fünfter Schritt:
Ermitteln Sie nun die Häuserspitzen. Dafür benötigen Sie sogenannte Häusertabellen, in denen für die jeweilige Sternzeit alle Häuserspitzen für unsere Breitengrade angegeben sind. Solche Tabellen gibt es im Buchhandel, man kann sie aber auch in öffentlichen Bibliotheken einsehen.

Die Häuserspitzen tragen Sie – wie im Beispielhoroskop dargestellt – in das Horoskopschema ein.

Beispiel:
Häuserspitzen

1. Haus (Aszendent):	1° Waage
2. Haus:	25° Waage
3. Haus:	25° Skorpion
4. Haus:	2° Steinbock
5. Haus:	9° Wassermann
6. Haus:	8° Fische
7. Haus:	1° Widder
8. Haus:	25° Widder
9. Haus:	25° Stier
10. Haus: (Himmelsmittel)	2° Krebs
11. Haus:	9° Löwe
12. Haus:	8° Jungfrau

Beispiel-Horoskop mit eingetragenen Häuserspitzen

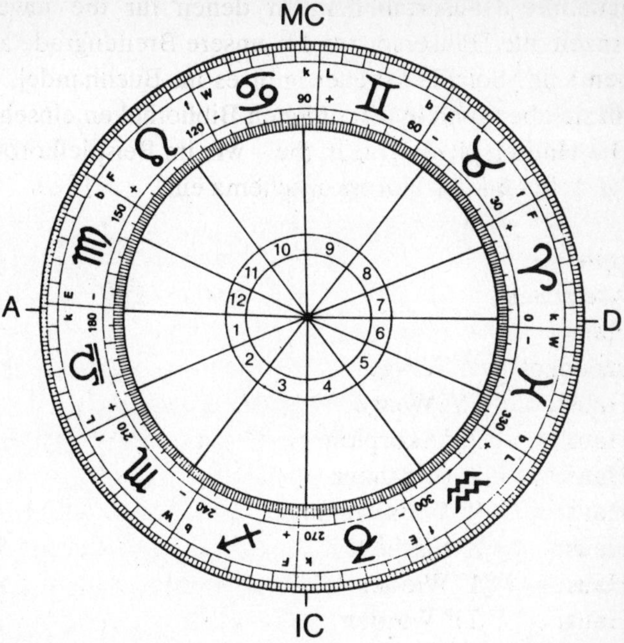

Oft werden in den Häusertabellen nur sechs Häuserspitzen angegeben. Die übrigen sechs liegen diesen jedoch genau gegenüber, so daß man sie leicht selbst ergänzen kann. Folgende Zeichen liegen einander gegenüber:

Zeichen	*Gegenüberliegendes Zeichen*
Widder	Waage
Stier	Skorpion
Zwillinge	Schütze
Krebs	Steinbock

Löwe	Wassermann
Jungfrau	Fische
Waage	Widder
Skorpion	Stier
Schütze	Zwillinge
Steinbock	Krebs
Wassermann	Löwe
Fische	Jungfrau

Sechster Schritt:
Ermitteln Sie nun die Planetenpositionen. Dafür benötigen Sie Ephemeridentafeln – das sind Tabellen der Gestirnstände. Ephemeridentafeln gibt es im Buchhandel; man kann sie aber auch in öffentlichen Bibliotheken einsehen.

Die Gestirnstände werden nun ebenfalls in das Horoskopschema eingetragen – wie im Beispielshoroskop dargestellt –, indem die Stände am Innenrand des in 360° unterteilten Innenkreises durch kurze Striche markiert werden, zu denen man das jeweilige Planetensymbol setzt.

Beispiel:
Planetenpositionen
Sonne: 13° Krebs
Mond: 3° Fische
Merkur: 28° Krebs
Venus: 10° Zwillinge
Mars: 20° Widder
Jupiter: 22° Waage
Saturn: 23° Schütze
Uranus: 10° Löwe
Neptun: 2° Jungfrau
Pluto: 0° Jungfrau

Beispielhoroskop mit eingetragenen Häuserspitzen und Planetenpositionen

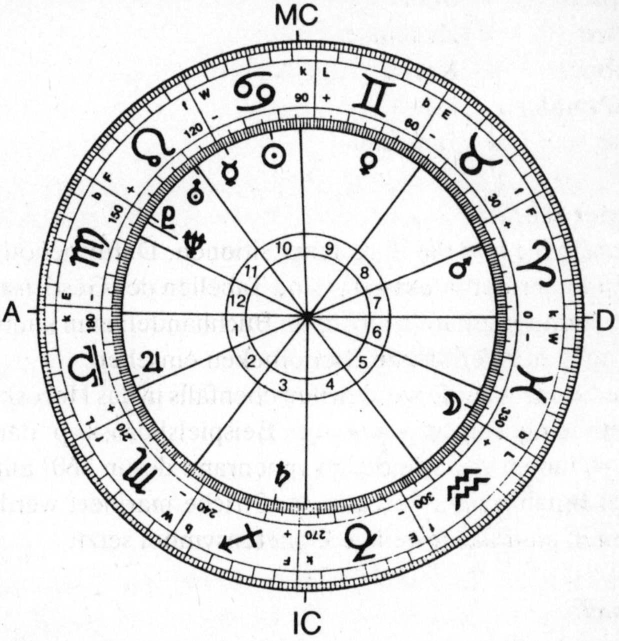

Siebter Schritt:
Die Aspekte ermitteln Sie, indem Sie die Planetenörter zeichnerisch mit dem Mittelpunkt des Horoskoprings verbinden und mit dem Winkelmesser die Winkel zwischen den dadurch ermittelten Geraden bestimmen. Nähere Angaben zu den Aspekten finden Sie im Lexikonteil unter dem Stichwort „Aspekte".

Beispiel:
Folgende Aspekte gibt es in diesem Horoskop:

In Opposition stehen Venus und Saturn
Mars und Jupiter
Mond und Neptun
Sextile bilden Venus und Uranus
Jupiter und Saturn
Pluto und Himmelsmitte

Die Schritte eins bis sieben stellen den rechnerischen Teil der Horoskoperstellung dar. Sie können die dafür benötigten Daten selbst ermitteln. Dafür benötigen Sie Ephemeridentafeln und Häusertabellen. Diese sind im Buchhandel erhältlich, aber nicht ganz billig. Die Anschaffung ist aber nicht unbedingt erforderlich, da diese Bücher auch in öffentlichen Bibliotheken eingesehen werden können.

Eine andere Möglichkeit besteht darin, sich diese Daten durch einen Astrologen erstellen zu lassen oder durch ein preiswertes Computerhoroskop ermitteln zu lassen.

Z. B. durch die ASTRODATA AG, Lindenbachstr. 56 CH 8042 Zürich.

Die folgenden Schritte befassen sich mit der Deutung des Horoskops. Dabei sollte man beherzigen, daß sich die Vielschichtigkeit eines Menschen nicht durch das Horoskop allein erfassen und aufschlüsseln läßt. Aussagen, die lediglich aufgrund eines Horoskops ohne Kenntnis des Geschlechts, des sozialen Umfelds und des Horoskopträgers selbst gemacht werden, bezeichnet man als „Blinddeutungen". Diese ermöglichen lediglich unspezifische Allgemeinaussagen, die freilich dem tatsächlichen Wesen des Horoskopträgers ziemlich nahekommen können und auch einiges über die wahrscheinlichen Auswirkungen der Gegebenheiten des Geburtshoroskops verraten.

Achter Schritt:
Charakterisieren Sie nun den Horoskopeigner nach dem Sonnenzeichen, das Sie zum Aszendenten in Beziehung setzen. Dabei symbolisiert das Sonnenzeichen die Anlagen eines Menschen, der Aszendent sein Erscheinungsbild und sein Auftreten der Umwelt gegenüber.

Beispiel:
Brigitte S. ist unter dem Sonnenzeichen Krebs geboren. Ihr Aszendent ist die Waage.

Das Äußere entspricht dem Aszendenten: kurvenreiche Figur, zarte Haut, freundliches Gesicht.

Sie ist gefühlsbestimmt, sensibel und veränderlich wie der Mond. Häuslichkeit und ein ausgeprägter Beschützerinstinkt sind typische Krebs-Merkmale.

Für ihren kleinen Sohn ist sie zu jedem Opfer bereit. Bevor er geboren wurde, umhegte sie lange Jahre drei anspruchsvolle Katzen.

Ihre Wechselhaftigkeit wird immer wieder ausgeglichen durch die von der Waage bestimmte Neigung zum Ausgleichen.

Im Beruf geht es ihr vor allem um die finanzielle Sicherheit. Würde sich diese mit ihren Neigungen verbinden lassen, würde Brigitte S. mit Sicherheit einen Beruf ergreifen, der mit Wassersport zu tun hat – sie ist begeisterte Schwimmerin und Taucherin.

Neunter Schritt:
Charakterisieren Sie den Horoskopeigner nun nach den Planetenpositionen in den einzelnen Sternzeichen und Häusern. Die Bedeutung dieser Positionen finden Sie im 6. Kapitel ab Seite 117.

Beispiel:
Das *Sonnenzeichen* von Brigitte S. ist der *Krebs.* Das deutet darauf hin, daß sie mehr gefühls- als verstandesbestimmt ist und über eine reiche Phantasie verfügt. Sie ist häuslich und möchte das Gefühl haben, von anderen gebraucht zu werden. Die *Sonne im 10. Haus* läßt allerdings vermuten, daß sie dem beruflichen oder sozialen Aufstieg unter Umständen ihr Privatleben opfern würde.

Der *Mond im Zeichen der Fische* zeigt an, daß die Horoskopträgerin Mitleid und tiefes Verständnis für andere Menschen empfindet. Auch das träumerische Element ihres Wesens geht daraus hervor. Der *Mond im 5. Haus* läßt auf eine tiefe Beziehung zum Kind schließen – in der Tat liebt Brigitte S. ihren kleinen Sohn über alles.

Der *Merkur im Krebs* unterstreicht ihre verträumte, gefühlsorientierte Wesensart. Daß er sich im *10. Haus* befindet, betont wiederum den beruflichen Ehrgeiz, der notfalls zu wiederholtem Stellungswechsel führt. *Venus* gibt Auskunft über das Liebesleben im weitesten Sinne. Hier zeigt die *Venus im Zeichen der Zwillinge* eine Neigung zu Flirt und raschen Kontakten an. Auch frühe Heirat und eine nicht unbedingt stabile Ehe werden angedeutet. Tatsächlich hat Brigitte S. mit etwa 20 Jahren zum erstenmal geheiratet, nach drei Jahren ging die Ehe bereits wieder auseinander. *Venus im 9. Haus* läßt auf eine Bindung an einen Ausländer schließen: Der zweite Mann von Brigitte S. war Türke.

Mars im Widder ist ein Symbol für die Tatkraft und Unternehmungslust der Horoskopträgerin. Aber sie ist auch ungeduldig, aggressiv und unvorsichtig, was zu erhöhter Verletzungsgefahr führt. *Mars im 7. Haus* unterstreicht noch einmal die Tendenz zu früher Heirat.

Jupiter in der Waage weist darauf hin, daß die Horoskopträgerin gesellig und allseits beliebt ist. *Jupiter im 1. Haus* zeigt ihre Gelassenheit und ihren Optimismus an, aber auch ihre Probleme mit dem Übergewicht! *Der Saturn im Schützen* läßt auf eine tiefe Gedankenwelt schließen. Sorgen mit den Geschwistern werden durch *Saturn im 3. Haus* angedeutet: In der Tat gibt es vielfach Probleme mit dem jüngeren Bruder.

Uranus im Löwen zeigt, daß die Horoskopträgerin sehr eigenwillig sein kann und manchmal durch ausgefallenes Benehmen beeindrucken möchte. Dies war allerdings in jüngeren Jahren mehr der Fall als jetzt!

Neptun in der Jungfrau deutet an, daß die Horoskopträgerin überkommenen Ansichten sehr skeptisch gegenübersteht. *Neptun im 11. Haus* läßt darauf schließen, daß sie im kleinen Kreis umgänglich und freundlich ist, während sie mit größeren Menschengruppen nicht so gut zurechtkommt.

Uranus im 11. Haus deutet auf ihre vielseitigen Interessen und ihre mitunter recht unkonventionellen Freunde (z. B. Ausländer) hin.

Pluto in der Jungfrau charakterisiert die selbstkritische Einstellung, sein Stand *im 11. Haus* unterstreicht die Loyalität Freunden gegenüber.

Zehnter Schritt
Runden Sie die Charakteranalyse nun anhand der Aspekte ab.

Beispiel:
Konjunktionen sind nicht vorhanden. Oppositionen entstehen bei *Venus und Saturn,* bei *Mars und Jupiter* und bei *Mond und Neptun.* Oppositionen sind Spannungsaspekte! Hier haben wir ein teilweise recht unausgeglichenes Ge-

fühlsleben, eine Neigung zu Illusionen, aber auch ein übertriebenes Pflichtgefühl, das zumal in der ersten Ehe zu übergroßen Opfern führte.

Sextile wirken nicht gerade ausgesprochen glücksbringend, aber doch ausgleichend und glättend. Ihr mehrfaches Auftreten deutet auf die ausgleichenden Tendenzen, die ja auch durch den Aszendenten gegeben sind.

Kleines Lexikon der Astrologie

Äquator
Der Himmelsäquator ist die Projektion des Erdäquators auf das scheinbare Himmelsgewölbe. Er schneidet die Ekliptik in einem Winkel von ca. 23 ½ Grad.

Äquinoktialpunkte
Das sind die beiden Punkte des Himmelsäquators, in denen er am Frühlings- und Herbstbeginn von der Sonnenbahn geschnitten wird. An diesen beiden Tagen sind überall auf der Erde Tag und Nacht gleich lang. Man bezeichnet die Punkte auch als Frühlings- (Widder-) und Herbst- (Waage-) Punkt.

Aspekte
Unter Aspekten versteht man die gegenseitigen Anblickungen (= Aspektierungen) der Gestirne. Diese Winkel haben bald eine stärkere, bald eine schwächere Wirkung.

Der engste Winkel, den zwei oder mehr Gestirne bilden können, ist die „Zusammenkunft" oder *Konjunktion* (0–10 Grad Entfernung). Zwei in Konjunktion befindliche Planeten vereinigen sozusagen ihre Strahlung miteinander. Handelt es sich um harmonische Planeten, wird der Zusammenklang harmonisch sein, während er disharmonisch sein muß, wenn zwei antagonistische Planeten ihre Strahlen vereinigen.

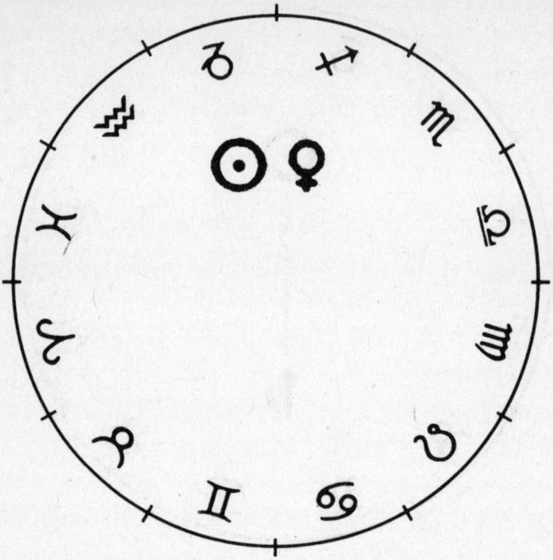

Beispiel für einen Konjunktions-Aspekt: Sonne und Venus befinden sich in Konjunktion

Befinden sich zwei oder mehr Planeten in einer Entfernung von 180 Grad, so spricht man von einer *Opposition*. Diesen überaus wichtigen Aspekt nennt man auch „Spannungsaspekt“. Seine Wirkung ist stets beunruhigend und disharmonisch. Selbst zwei so harmonisch wirkende Planeten wie Jupiter und Venus können, wenn sie sich gegenseitig in Opposition aspektieren, Charakterschwächen (z. B. Eitelkeit, Anmaßung, Verschwendungssucht) andeuten. Bei einer Mars-Saturn-Opposition kann es unter Umständen zu großen Schicksalskrisen kommen.

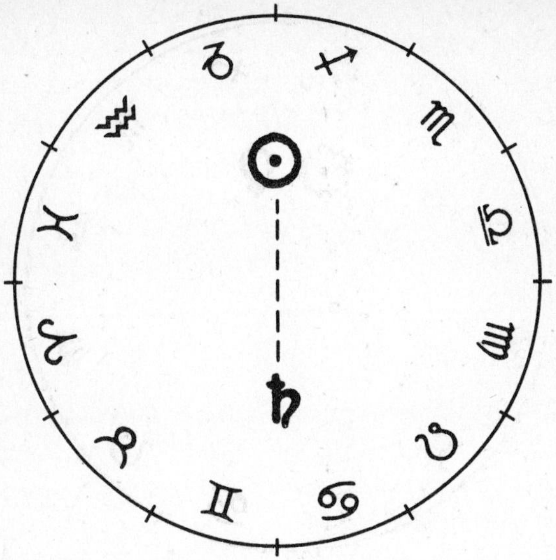

Beispiel für einen Oppositions-Aspekt: Sonne und Saturn stehen in Opposition zueinander

Haben zwei oder mehr Gestirne 90 Grad Entfernung voneinander, so nennt man dies einen Quadrataspekt oder eine *Quadratur*. Dieser Winkel wirkt sehr disharmonisch – man nannte ihn früher bezeichnenderweise den Winkel des Verdrusses. Er macht sich als Hemmung, Widerstand oder Durchkreuzung von Plänen bemerkbar. Wer viele Quadrataspekte in seinem Horoskop hat, muß sich im Leben behaupten und mit allerlei Widerständen rechnen.

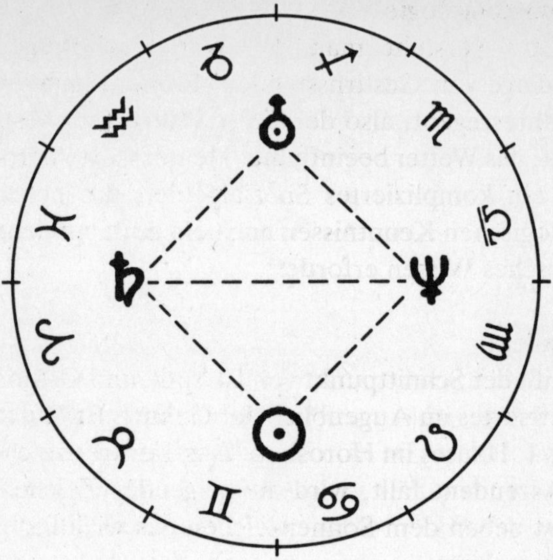

Beispiel für eine Quadratur

Von einem *Trigonalaspekt* spricht man, wenn sich zwei oder mehr Gestirne 120 Grad voneinander entfernt befinden. Der Trigonalaspekt wirkt harmonisch und begünstigend.

Befinden sich zwei oder mehr Gestirne in einem Abstand von jeweils 60 Grad voneinander, so befinden sie sich miteinander in einem *Sextilaspekt.* Das Sextil wirkt nicht so stark glücksbringend wie das Trigonal, aber es kann z. B. aufbessernd wirken, falls andere schlechte Aspekte vorhanden sind.

Neben diesen Hauptaspekten gibt es noch zahlreiche Nebenaspekte (Halbsextile, Halbquadrate usw.), die jedoch den Rahmen einer einfachen Horoskopberechnung sprengen würden und nur von Fachastrologen sinnvoll ausgewertet werden können.

Astrometeorologie
Darunter versteht man die Wettervorhersage auf der Grundlage von Gestirnsständen. Früher glaubte man, daß der Jahresregent, also der das jeweilige Jahr bestimmende Planet, das Wetter beeinflußte. Heute ist die Astrometeorologie ein kompliziertes Spezialgebiet, das neben soliden astrologischen Kenntnissen auch ein umfangreiches meteorologisches Wissen erfordert.

Aszendent
So heißt der Schnittpunkt von Ekliptik und Osthorizont des Geburtsortes im Augenblick der Geburt. Er bildet die Spitze des 1. Hauses im Horoskop. Das Tierkreiszeichen, in das der Aszendent fällt, wird aufsteigendes Zeichen genannt und ist neben dem Sonnenzeichen das wichtigste Element des Horoskops.

Deszendent
So nennt man den Schnittpunkt von Ekliptik und Westhorizont des Geburtsortes im Augenblick der Geburt. Er bildet die Spitze des 7. Hauses.

Edelsteine und Metalle und ihre astrologische Zuordnung
Zwischen den Rhythmen und Wirkkräften bestimmter Planeten und Tierkreiszeichen einerseits und den Schwingungen und Strahlkräften bestimmter Metalle und Steine andererseits besteht eine enge Beziehung. Wenn beide sich im Einklang befinden, so kann die Wirkungskraft eines Planeten oder Zeichens durch ein aus entsprechendem Material gefertigtes Schmuckstück (oder „Amulett“) verstärkt werden.

Dieses Wissen alter Kulturen (z. B. Ägypten) hat sich in

mehr oder weniger abgewandelter Form bei vielen Naturvölkern, aber auch in Indien und China bis in die Gegenwart erhalten. Auch bei uns interessiert man sich zunehmend für solche Zusammenhänge.

Tierkreiszeichen	Planet	zugeordnete Edelsteine	Metall
Widder	Mars	Diamant, Amethyst, Rubin, Jaspis, Granat	Eisen
Stier	Venus	Achat, Smaragd, Saphir, Karneol, Lapislazuli	Kupfer
Zwillinge	Merkur	Topas, Bergkristall, Aquamarin	Quecksilber
Krebs	Mond	Smaragd, Opal, Mondstein, Perlen	Silber
Löwe	Sonne	Rubin, Diamant, Tigerauge	Gold
Jungfrau	Merkur	Turmalin, Topas	Quecksilber
Waage	Venus	Diamant, Beryll, Lapislazuli, Koralle	Kupfer
Skorpion	Mars	Topas, Malachit, Jaspis, Turmalin	Eisen
Schütze	Jupiter	Granat, Türkis, Amethyst	Zinn
Steinbock	Saturn	Onyx, Chalzedon, Chrysopras	Blei
Wassermann	Uranus (Saturn)	Saphir, Bernstein, Aquamarin, Chalzedon	Blei
Fische	Neptun (Jupiter)	Saphir, Perlmutt, Mondstein, Topas	Zinn

Ekliptik

So nennt man die Ebene der Erdbahn um die Sonne, die sich am Himmel als scheinbar jährliche Bahn der Sonne unter den Sternen abzeichnet. Sie ist gegen die Ebene des Erdäquators um 23°27′ geneigt und schneidet ihn im Frühlings- und Herbstpunkt. Die jährliche Bahn der Sonne unter den Sternen führt durch die zwölf Sternbilder des Tierkreises.

Ephemeriden

So heißen die in Astronomie und Astrologie benutzten Gestirnstandstabellen mit exakt berechneten Zeiten und Örtern von Himmelskörpern, besonders von Sonne, Mond und Planeten. Ephemeridentafeln kann man im Fachhandel beziehen. Man kann sie aber auch in öffentlichen Bibliotheken einsehen.

Farben und ihre astrologische Zuordnung

Die astrologische Zuordnung von Farben zu Tierkreiszeichen und Planeten bedeutet, daß ein Mensch – je nach dem in seinem Geburtshoroskop dominierenden Tierkreiszeichen oder Planeten – bestimmte Farben bevorzugt, sich von ihnen besonders stark angesprochen fühlt und sich gern mit ihnen umgibt. Diese uralten Erkenntnisse der Astrologie sind inzwischen auch von der Wissenschaft aufgegriffen worden: Die Farbenpsychologie hat sich die Aufgabe gestellt, die Wirkungen von Farben auf den Menschen methodisch zu ergründen und daraus Schlüsse u. a. für die Gestaltung der Wohn- und Arbeitswelt zu ziehen.

Tierkreis-zeichen	Planet	zugeordnete Farben
Widder	Mars	Rot, Kadmiumgelb
Stier	Venus	Gelb, Pastellblau, Hellgrün
Zwillinge	Merkur	Violett, Safrangelb
Krebs	Mond	Grün, Silber, Weiß
Löwe	Sonne	Orange, Gold, Gelb
Jungfrau	Merkur	Violett, Hellblau, Weiß
Waage	Venus	Gelb, Rosa, Pastelltöne
Skorpion	Mars	Rot, Braun, Schwarz
Schütze	Jupiter	Blau, Braun
Steinbock	Saturn	Indigo, Dunkelgrün, Braun, Schwarz
Wassermann	Uranus (Saturn)	Indigo, irisierende Farben
Fische	Neptun (Jupiter)	Blau, Violett, Weiß

Fixsterne

So heißen im Gegensatz zu den Wandelsternen (Planeten) alle Sterne, die außer ihrer gemeinsamen (scheinbaren) täglichen Bewegung am Himmel angeheftet scheinen. Es bedurfte einer langen Entwicklung und genauer Instrumente, um nachzuweisen, daß auch die Fixsterne Eigenbewegungen besitzen.

Geographische Entsprechungen der Tierkreiszeichen

Auch Länder und Städte haben ihre Tierkreiszeichen, die sich meistens auf das Datum ihrer Gründung beziehen und nach denen sich ebenfalls Horoskope stellen lassen.

Tierkreiszeichen einiger Länder:

Widder: Deutschland (teilweise auch Skorpion), England, Dänemark, Judäa, Palästina

Stier: Zypern, Irland, Persien, Rhodos, östliche Schweiz, Schweden, Weißrußland

Zwillinge: Armenien, Belgien, Kanada, Sardinien, Vereinigte Staaten, Wales.

Krebs: Holland, Mauritius, Paraguay, Schottland

Löwe: Alpenregion, Frankreich, Italien, Rumänien, Kalifornien

Jungfrau: südliches Griechenland, Kreta, Kroatien, Kurdistan, Mesopotamien, Schlesien

Waage: Ober-Ägypten, Argentinien, Nord-China, Indochina, Japan, Livland, Libyen, Österreich (teilweise Löwe)

Skorpion: Algerien, Bayern, Jütland, Lappland, Marokko, westliches Schweden, Syrien, Transvaal, Norwegen

Schütze: Australien, Dalmatien, Unter-Italien, Madagaskar, Spanien, Neufundland, Sachsen, Ungarn

Steinbock: Nord-Griechenland, Hessen, Indien, Island, Steiermark, Thüringen, Mexiko

Wassermann: die Wüste Arabiens, Finnland, Westfalen

Fische: Brasilien, Normandie

Tierkreiszeichen einiger Städte:

Widder: Bergamo, Berlin, Birmingham, Braunschweig, Florenz, Marseille, Neapel, Saragossa, Verona, Utrecht

Stier: Dublin, Leipzig, Luzern, Nantes, Parma, Zürich

Zwillinge: London, Metz, San Francisco, Versailles, Nürnberg, Mainz

Krebs: Amsterdam, Bern, Istanbul, Mailand, New York, Tunis, Genua
Löwe: Bombay, Bristol, Chicago, Damaskus, Philadelphia, Portsmouth, Prag, Rom
Jungfrau: Basel, Boston, Breslau, Jerusalem, Los Angeles, Lyon, Nizza, Paris, Straßburg
Waage: Antwerpen, Frankfurt, Freiburg, Wien, Wiesbaden
Skorpion: Liverpool, Messina, Pompeji, Tokio, Algier, Washington
Schütze: Avignon, Kalkutta, Köln, Narbonne, Nottingham, Peking, Stuttgart, Sheffield
Steinbock: Augsburg, Brüssel, Konstanz, Oxford, Port Said, Moskau
Wassermann: Bremen, Brighton, Triest, Salzburg, Sidney
Fische: Alexandria, Lancaster, Sevilla, Rouen, Istanbul, Regensburg

Himmelsmitte

Der Kulminationspunkt der Gestirne für einen bestimmten Ort, der Punkt also, in dem sie auf ihrer scheinbaren täglichen Bahn sich am höchsten über den Horizont erheben, heißt Himmelsmitte. Dieser Punkt wird im Horoskop durch die Abkürzung MC (= Medium Coeli) bezeichnet.

Himmelstiefe

Der Himmelsmitte genau gegenüber liegt die Himmelstiefe, auch Mitternachtspunkt genannt. Es ist der Punkt, in dem die Gestirne, bezogen auf einen bestimmten Ort, ihren tiefsten Stand unter dem Horizont erreichen. Im Horoskop bezeichnet man die Himmelstiefe durch die Abkürzung IC (= Immum Coeli).

Konjunktion
siehe: Aspekte

Meridian
Himmelsmeridian ist der Mittagskreis, der durch die beiden Himmelspole und Zenit und Nadir eines Ortes verläuft. In ihm erreichen alle Gestirne, von diesem Ort aus gesehen, ihre höchste und niedrigste Stellung. Dem Himmelsmeridian entsprechen auf der Erdoberfläche die Längenkreise. Der Nullmeridian geht durch Greenwich (Großbritannien): Von ihm aus werden die geographischen Längen auf der Erde bestimmt (bis 180° östlicher bzw. westlicher Länge).

Metalle und ihre astrologische Zuordnung
siehe: Edelsteine und Metalle und ihre astrologische Zuordnung

Opposition
siehe: Aspekte

Planeten
Planeten (oder Wandelsterne) heißen die nicht selbstleuchtenden Himmelskörper, die sich um die Sonne drehen und von dieser beleuchtet werden. Man erkennt sie an ihrem verhältnismäßig „ruhigen“ Licht und daran, daß sie ihre Position gegenüber dem Fixsternhimmel merklich verändern. Zu den seit alters bekannten Planeten Merkur, Venus, Mars, Jupiter und Saturn traten in neuer Zeit die Planeten Uranus, Neptun und Pluto. Auch unsere Erde ist ein Planet. Die Astrologie bezeichnet auch Sonne und Mond als Planeten, weil sie, von der Erde aus gesehen, wie die Wandelsterne durch den Tierkreis zu wandern scheinen.

Planetenherrscher

Ein Planet „herrscht" in dem Zeichen oder Haus, dessen Charakteristiken mit seinem Prinzip am vollkommensten übereinstimmen. Das bedeutet, daß sich sein Wirkprinzip am stärksten äußert, wenn er im entsprechenden Zeichen oder Haus steht. Es herrschen:

Sonne in Löwe und 5. Haus
Mond in Krebs und 4. Haus
Merkur in Jungfrau und Zwillingen und 6. bzw. 3. Haus
Venus in Waage und Stier und 7. bzw. 2. Haus
Mars in Skorpion und Widder und 8. bzw. 1. Haus
Jupiter in Schütze und Fische und 9. bzw. 12. Haus
Saturn in Steinbock und Wassermann und 10. bzw. 11. Haus.

(Neuerdings ordnet man auch Wassermann bzw. 11. Haus dem Uranus, Fische bzw. 12. Haus dem Neptun und Skorpion bzw. 8. Haus dem Pluto zu.)

Polarität

Sie gibt die Wirkrichtung der Zeichen und Planeten an und wird durch ein Plus- oder Minuszeichen bezeichnet. Positive (aktive, männliche) Horoskopelemente wirken von innen nach außen, negative (passive, weibliche) Elemente von außen nach innen.

Präzession

Unter Präzession wird die Drehbewegung der Erde verstanden, die ein langsames Vorrücken der Äquinoktialpunkte zur Folge hat. In etwa 26 000 Jahren, dem sogenannten Platonischen Jahr, haben die Äquinoktialpunkte wieder ihre Ausgangsposition erreicht. Das war bereits in der Antike bekannt. Die Präzession berührt die Tierkreiszeichen der

Astrologie in keiner Weise, weil sie außer der Namensgebung mit den Sternbildern am Himmel nichts Gemeinsames haben.

Qualitäten
Die Qualitäten bezeichnen die Wirkintensität der Tierkreiszeichen. Kardinale Zeichen (mit großer Intensität) sind Widder, Krebs, Waage und Steinbock. Fixe Zeichen (mit mittlerer Intensität) sind Stier, Löwe, Skorpion und Wassermann. Veränderliche Zeichen (mit schwacher Intensität) sind Zwillinge, Jungfrau, Schütze und Fische.

Quadratur
siehe: Aspekte

Sextil
siehe: Aspekte

Sonnenzeichen
So heißt das Tierkreiszeichen, in dem im Geburtshoroskop eines Menschen die Sonne steht. Es ist ein wichtiger Faktor der Horoskopdeutung.

Sternbilder
Schon im Altertum benannte man Fixsterne in Gruppen mit Namen. Am bekanntesten sind die Sternbilder des Tierkreises, die jedoch mit den für die Astrologie allein wichtigen Tierkreiszeichen nicht verwechselt werden dürfen.

Sternzeit
Zwischen zwei Kulminationen eines Fixsterns liegen weniger als 24 Stunden – der Sterntag ist um 3 Minuten 56,6

Sekunden kürzer als der mittlere Sonnentag. Markiert wird der Beginn des Sterntags durch den Durchgang des Frühlingspunktes durch den Meridian.

Tierkreiszeichen
Der Tierkreis (griechisch: Zodiak) ist ein gedachter Gürtel beiderseits der Ekliptik, in dem sich Sonne, Mond und Planeten über das Himmelsgewölbe zu bewegen scheinen. Er wird durch die Tierkreiszeichen in zwölf gleich große, je 30 Grad umfassende Abschnitte geteilt. Die Tierkreiszeichen sind also gleichsam eine Meßskala, die sich infolge der Präzession der Erdachse heute nicht mehr mit den gleichnamigen Sternbildern deckt. Der „siderische" Tierkreis wird von den Sternbildern gebildet, während der durch die Zeichen gegliederte „tropische" Tierkreis nichts anderes darstellt als eine gleichmäßige, erdbezogene Gliederung des Jahreslaufes und daher auch ihre Bedeutung für die Astrologie bezieht.

